悲劇の女王の物語

Doomed Queens

儚く散った50人

クリス・ウォルダー
Kris Waldherr
竹田円・築地誠子❖訳

原書房

長い間、女たちは女王と呼ばれてきた。
だが、女たちに与えられた王国は、支配に値するものではない。
――ルイーザ・メイ・オルコット

愛と感謝をこめてテレサ・パークに

悲劇の女王の物語　儚く散った50人 ◉ 目次

第4章　享楽のルネサンス期　125

第5章　いざ、バロック　169

本文中の〔……〕は翻訳者による注である。

はじめに

［処刑人に］たいした手間はとらせないわ。私の首は細いもの。みんなは、私を首なし女王《ラ・レーヌ・サン・テテ》と呼ぶでしょうね。

――アン・ブーリン

ようこそ、お気に入りの夢の世界へ――そして最低の悪夢へ。あなたは絹のドレスを着て黄金の冠をいただいている。みんながあなたにひざまずく。廷臣たちはあなたのジョークに笑い、美しさをほめそやす。たとえあなた自身が、今日のヘアスタイルはいまいちとわかっているときでも。あなたは羨望の的だ。だが、世は無常。たった数年後には、取り巻きだった人たちさえ、あなたを見かけるとさっと姿を隠すようになる。もろもろの理由から、あなたは落ち目になる。非はあなた自身にあったのかもしれない。陰謀をたくらむことにかけて、自分で考えていたほど賢くなかったのかもしれない。それとも、あなたに対する陰謀があるのかもしれない。

ついに終わりのときが来る。それは、正午に振り下ろされる首切り斧のひとふりか――さかさまになったシンデレラストーリー――はたまた、ドラムロールが鳴り響く中での断頭台への行進か。戦場が手ごろな墓となるかもしれない。それとも、世継ぎを産むお産で命を落とすかもしれない。生命の営みが命取りとなる。一番ましなシナリオでは、あなたは反乱を生き延び、不自由な追放の身で生きながらえることを許される。楽観的な敗残兵たちが、万が一を期待して、王家の血をひくあなたにおべっかを使うかもしれない。

終わりがどのような形で訪れようと、ひとつの真実は残る。天に見放されたのは、あなたが望んだからではない。あなたの行ないがそれを加速させたのかもしれないが。それは運命だったのだ。つまるところ、あなたは悲劇の女王であり、歴史の教訓から学べることがあるとすれば、「良い女王は死んだ女王だけ」ということだ。

歴史に登場する王家の女性は星の数ほどもいるが、これからご紹介するのは、そんな女たちの陰の真実だ。「悲劇の女王クラブ」には——進んで入会したいと思う者はまずいないだろうが——聖書の時代から現代まで、じつに大勢の会員がいる。悪名高いクレオパトラ、アン・ブーリン、マリー・アントワネットから、歴史に埋もれてしまったブランカ・デ・ボルボーンやテッサロニカまで、多彩な顔ぶれがそろっている。

『悲劇の女王の物語』に登場する五〇人の女王は、生きた時代も場所もさまざまであり、迎える最期もそれぞれだろうが、ひとつの真実は変わらない。王家に生まれた特権はあるにせよ、たいていの場合、女王であることはさほど良いことではない、ということだ。

これほど多くの女性が、権力のためにこうもあっけなく命を奪われるとは、そして王家に生まれるとは、いったいどういうことなのだろうか？　女王たちの生涯を紹介する前に、悲劇の女王の歴史をここで簡単にまとめてみよう。

◉寝台《ベッド》から聖書《バイブル》の時代、そして……

いつの時代にも明らかなように、あらゆる生物の種の中で、王国――生命の王国――の鍵を握るのはメスだ。子宮に実りがなければ人類も一巻の終わり。それはたいへん。では、権力を愛する男はどうするだろう？　この問題を解決するために、妻と夫、親と子の関係は、結婚というシステムにしっかり組み込まれ、宗教儀式で聖別されるようになった。子どもを産む女性の力にくびきがかけられ、王国は世襲されるようになった。このシステムを侮《あなど》る女たちは始末される。気をつけて！　オリュンピアス、クレオパトラよ！

◉文明化のはじまり

権力だけではだめだ――金も要る。暗黒時代がはじまり、物騒な女王があちこちに登場する。男たちはあの世まで財産を持っていこうと必死に画策する。だが、すべてを持っていくなど土台無理な話。フランク王国に起源を持つサリカ法の一部を引用してみよう。「土地の相続は男性にのみ許される」。だが女性に土地の相続が許されないなら、どうして王位を相続できるだろう？やがて男の後継ぎが生まれない国で、領土をめぐる紛争が相次ぐようになる。

◉結婚で世界を動かす

男の後継ぎがいない？　それがどうした！　戦争を避けるために、王たちは自分の娘を敵の寝台にもぐり込ませる。娘たちが敵と寝て、ふたりの間に子どもが生まれれば、みんな家族だ。だが、こうした女王たちは王の伴侶なのか、それとも人質か？　ルネサンス期に台頭したオーストリアのハプスブルク家は、せこくも賢明なこの戦略にとりわけ長けていた。ハプスブルク家の家訓は、「ほかの者には戦わせておけ、しかし汝幸いなるオーストリアよ、結婚せよ」だ。女たちはチェスのクイーンのように盤上を動かされ、王を守るためまっさきに犠牲となる。子どもの産めない女、権力欲が強すぎる女はとくに危ない。

◉人民に力を

啓蒙時代の幕開けとともに、貴族たちが震え出す。力が民衆の手に移る。その象徴であるマスコミは、もはや王族を神聖だと尊ばない。「革命万歳！」——もしあなたの名がマリー・アントワネットならば、とんでもない話だが。さらに時代がくだると、マスコミの力で王がたてられたり、廃されたりするようになる。一九世紀のイギリス王妃、キャロライン・オブ・ブランズウィック、二〇世紀の心の王妃、ダイアナ妃が良い例だ。

いよいよ二一世紀。この世界に今も悲劇の女王はいるのだろうか？　もちろんんだ！　ギロチンは時代遅れになったが（フランス政府が最後にギロチンを使用したのは一九七七年）、悲劇の女王たちは健在だ。いまどきの女王は、昔のようにひと目でそうと知れる格好はしていないかもし

なぜ女王は危険なのか？

悲しい現実だが、王冠をいただく人物にＹ染色体が欠けていると、脅威レベルが１から最高レベルの５に跳ね上がる。なぜ男性君主は女性ほど悲運ではないのか？

王たちも政治的激変の荒波をかぶることはある――マリー・アントワネットの夫で、断頭台の露と消えたルイ16世を考えてみればよい――だが、宮廷で糸を引くのはたいてい男と決まっており、そのため権力への途上に立ちふさがる女性は例外なく始末された。厄介な妻を始末する処刑法としてよく用いられたのが、斬首、火刑、溺死刑、毒殺、刺殺刑、絞殺刑、餓死刑、強制的自殺だ。

王妃の死を正当化するために、宗教の不一致や不妊や跡目争いなどの問題がことの原因としてしばしば持ちだされた。王妃をさっさと厄介払いできないとなると、男たちは創意発明の才を発揮した。たとえばヘンリー８世は、アン・ブーリンの美しい首を切り落とす権利を獲得するために、王妃が不義密通を行なったとして反逆罪で訴えた。

女性には耐えなければならない肉体の苦役がもともと多い。戦地に赴くことはめったになかったが、血統書つきの雌馬よろしく、結婚という危険な旅にしばしば送り出された。結婚後も出産という危険な儀式が待っていた。出産で命を落とす者は少なくなかった。

れない。王家の血もひいていないかもしれない。貴賓を迎えるときはティアラをつける決まりでも、最高級のスーツかオートクチュールという装いのほうが多いかもしれない。政治家一族の一員か、世界的企業のオーナーか、はたまた超セレブか？

現代の悲劇の女王とはどんな人物を指すのだろう？それでは新聞の見出しにもなった、代表格のふたりをご紹介しよう。ひとりは、イスラム国家で初の女性首相となったブット元首相。

首相への返り咲きを狙ってパキスタンに帰国した後に暗殺された。当時のパキスタン大統領とその支持者たちが暗殺の黒幕だという噂が流れている。アメリカでは、元ファースト・レディ、ヒラリー・クリントンが民主党の大統領候補指名争いに敗れた。盟友だったはずの夫、ビルに足をひっぱられたのだろうか？　ヒラリー・クリントンやブッドに対するあなたの評価がどうであれ、誰もが納得できる意見がある。女であることは権力を手に入れようとするときには足かせになる、というものだ。

好むと好まざるとにかかわらず、この世は今でも男の世界なのだ。ご覧のように、悲劇の女王はと、たとえ現代のように進歩した時代であっても、権力を手に入れた女たちに対して私たちが抱いている落ちつかない気分を映し出しているものなのだ。だから私はわかりやすくこう言おう。

「力を手に入れようとする女は、自己責任で行動せよ！」

しめくくりに、「幸いなる結婚」のハプスブルク家のおひざもと、ウィーンを舞台とする物語にあなたをお連れしよう。その昔には、あらゆる人々を招待して仮面舞踏会が催された。舞踏会で女王のお相手をつとめるのは、見目麗《みめうるわ》しい紳士、しかしその正体は赤い仮面に隠されている。夜が更けるにつれ、女王はますます紳士に夢中になる。彼が非番の処刑人であるとは夢にも思わずに——これぞ王家と死のぴったり息の合った死の舞踏《ダンスマカブル》。この世に王が誕生して以来ずっと続いてきたダンス……。

女王の歴史をめぐる私たちの死の舞踏をはじめる前に、いくつかの点をお断りしておこう。

女王たちの物語は、女王の亡くなった年か、廃位された年にしたがい年代順に並べてある。正確な年がわからない場合は、年代記に記録された最後の日付に依った。調査を進めるにあたり矛盾する情報にぶつかったときは、歴史的にいちばん説得力があると思われるものを紹介するようにした。しかし、いずれも甲乙つけがたく思われたときは、面白いエピソードのほうを採用するようにした。ページ全面のイラストは著者自身が描いたもので、その中には有名な絵画にインスピレーションを受けたものもある。

これからご紹介する女王たちの生涯には、正真正銘の悲劇もあれば、あまりに常識はずれで信じがたいものや滑稽なものもある。この本を読まれて笑うも泣くもご自由だが、どうか女王たちの物語が、剣の鋭いひと突きを是が非でもかわしたい、現代の女性たちの教訓となりますように。冗談はさておき、本書に描かれているエピソードは、どれもかなり深刻な話である。栄光の陰に隠された女王たちのぞっとしない物語なのだから。

読んで、心してほしい。

死に方一覧

暗殺
または不審死

斬首

焼死

パパラッチ
による死

廃位

出産時死亡

離婚／婚姻無効

溺死

病死

幽閉

毒殺

修道院送り

刺殺

絞殺

餓死

強制的自殺

第1章

はるか聖書の時代より

私の名誉はへし折られたのではない。単に征服されたのだ。

——クレオパトラ

悲劇の女王をめぐる私たちの旅は古代世界からはじまる。この時代を代表するふたりの人物といえば、アレクサンドロス大王とクレオパトラだ。ふたりの支配者には、共通の祖先と大いなる野望のほかにほとんど重なる点はなかったが、どちらも周囲にいた人々を破滅へ駆りたてた。

アレクサンドロスは、紀元前四世紀、広大なマケドニア帝国を支配し日の出の勢いだったアルゲアデス朝の王子として生まれた。軍事の才を存分に発揮して領土を拡大し、古代世界の大半を傘下におさめ、その遠征のおかげでギリシア文化の精髄が広まった（一般にヘレニズム文化といわれる）。紀元前三二三年、大王の早すぎる死で数々の勢力争いが生じ、多くの者が犠牲となった。また、大王の死によってエジプトにプトレマイオス朝が開かれ、ゼウスの頭頂部から飛び出したアテナのごとくクレオパトラが登場した。

クレオパトラとその家族の物語は、きょうだいどうしがさまざまなパターンで繰り返す、熾烈な戦いの物語だった。クレオパトラはアレクサンドロス大王の三〇〇年後に生を受け、プトレマイオス朝最後のファラオとなった。巧みな為政者ではあったが、祖先のように自ら陣頭に立って戦うのではなく、有力な男たちを誘惑して自分の代わりに戦わせた。クレオパトラには、摂政をつとめた姉ベレニケと妹アルシノエがいて、ふたりともエジプトの女王の座を熱望したが、男を意のままにする魅力でも機知でも、クレオパトラにはかなわなかった。

いったいエジプトの何が、王家の女性たちをこれほど意気軒昂にさせたのだろうか？　歴史家のヘロドトスは、エジプトでは事情が違うと言う。「エジプト人は、ほとんどあらゆる点で他民族とは正反対の風俗習慣を持つ。たとえば、女が市場で商いをし、男は家で機《はた》を織る……女は立って、男はしゃがんで小便をする」

聖書の時代の女王たちはどのように王座を退いたのだろうか？　子どもの手にかけられて、というケースが非常に多い――胎内の甘美な記憶も権力に餓《かつ》えた子どもたちの欲望を押しとどめることはできなかったのだ。人気があったのは、毒殺、溺死、国が命じた自殺……。愉快な時代、ではないか。

BC835

斬首
アタルヤ

聖書時代の王族の間でも、女王アタルヤの血筋の良さは折り紙つきだった。父はイスラエル王アハブ、母は王妃イゼベル――そう、ブルースに歌われ、往年の名女優ベティ・ディビスの映画で不滅の存在となった妖婦、あのイゼベルだった。旧約聖書の「列王記」によれば、アタルヤの悪名高い母親は、王宮の宦官たちの手で悲惨な最期を遂げたという。一方アタルヤの生涯と死も、「カエルの子はカエル」ということわざを髣髴《ほうふつ》とさせるものだった。

王家の婚姻は、聖書の時代もその後の時代と何ら変わりはなく、個人の好みより王家の野望がつねに優先された。フェニキアの王女だったイゼベルがイスラエル王アハブのもとに嫁いだのは、敵に対抗して両国の同盟を結ぶという実利的な目的のためだった。母がたどった道をやがて娘もたどる。アタルヤが年ごろになると、両親はイスラエル王女である娘をユダ王国の王ヨラムのもとに、一も二もなく嫁がせた。理想が実現すれば、ふたりの結婚によって、すべての人が仲睦ま

古代の死刑

古代には、殺人罪や反逆罪以外にも、さまざまな違反に対して死刑が執行された。BC1760年ごろ、メソポタミアで制定された世界最古の成文法のひとつハンムラビ法典では、偽証や逃亡奴隷隠匿など、数多くの違反について死刑が妥当としている。死刑の方法には、餓死、首つり、毒殺、斬首、絞殺、貼り付け、石打ちなどがあった。奴隷は公的な場で処刑するには値しないと考えられており、撲殺されるだけだった。

だが、アタルヤのような王族の女性の場合はどうだったのだろう？　聖書には「アタルヤは剣にかけられた」とある。おそらく華々しい剣の果たし合いが行なわれたわけではなく、首をはねられたのだろう。とはいえ、死罪を言い渡された女王がみなこうした最期を迎えられたわけではない。アタルヤの母イゼベルは、窓外放出により殺された――平たくいえば窓から突き落とされたのだ。亡骸は放置され犬に食われたという。

じく暮らす幸福なユダヤ＝イスラエル連合国家が誕生するはずだった。だが、ひとつ問題があった。アタルヤは母にならい、メソポタミアの豊饒の神バアルを信仰していたのだ。一方、夫のヨラムはダビデ王の子孫だった。今日であればこうした違いは、登場人物全員が宗教的寛容とユダヤの伝統料理マッツァボールスープの作り方を学びあい、最後は大団円で幕となるホームコメディのかっこうのテーマである。しかし古代では流血事件の遠因となるのが普通だった。

アタルヤと結婚したヨラム王は、妻の信仰を受け入れることに同意した。ふたりの間にはアハズヤという息子が生まれ、息子も母の導きのもとにバアルを信仰するようになった。

家庭は円満だったかもしれないが、ヨラム王のもとで国は乱れた。ユダの民衆は、王が結婚してからバアルを信仰するようになったことを不満に思っていた。彼らは口で文句を言うだけでは飽き足らず、まじないと姦淫の罪を咎められた義母イゼベルをかばうヨラム王を矢で射殺《いころ》した。父の後を継いで王となった息子のアハズヤも、一年後に戦死した。

ここで最悪の事態が生じた。アタルヤがユダの女王となったのだ。息子の死によって王座を手に入れたアタルヤは、直ちにユダの王位継承権を持つ者たち、つまり夫の身内をことごとく処刑するように命じた。しかし、女王による殺りくは、本人が考えていたほど徹底したものではなかった。ヨラム王の娘ヨシェバは、赤ん坊だった女王の孫ヨアシュを抱いて虐殺現場を逃れ、ヨアシュと乳母を寝具部屋に隠した。単純だがじつにうまい方法だった。

アタルヤが王国をわがもの顔で支配している間、ヨシェバは幼いヨアシュをひそかに養育した。六年後、ヨアシュは人々の前に姿を現し、祭司らによって正統な王と認められた。

アタルヤがヨアシュ王の反乱に激怒したのは言うまでもない。着ていた衣を裂いて、「謀反、謀反！」と叫んだ。だが、女王の抗議など、王の軍勢の前にはものの数ではなかった。アタルヤは捕らえられ、直ちに処刑された。

◉教訓

大仕事を仕上げるときは、重箱の隅を見逃してはならない。

BC480

溺死
アルテミシア一世

紀元前五世紀、アルテミシアは、カリア地方の沿岸都市ハリカルナッソス（現在トルコ領）を夫の死後単独統治するようになった。アルテミシアの夫が妻ほど興味深い人物ではなかったのは明らかで、その名は時間の経過とともに忘れられてしまった。だが、ふたりの間にはピシンデリスという息子が生まれ、彼は成人してから母とともに戦った。

女王アルテミシアは専制君主だとして非難された。市民たちの願いを聞き入れず、ペルシア王クセルクセス一世にこびへつらったからだ。アルテミシアが取った防衛策のために、ハリカルナッソスはペルシアの従属都市となったわけだが、剛情なクセルクセスの機嫌を取っておくのは戦略としては優れていた。

アルテミシアは治世末期、ギリシア遠征を企てるクセルクセス一世に援助を約束した。また、「海で戦ってはなりませせぬ、ギリシアは、海軍力では圧倒的にわれわれに優っておりますゆえ」

と進言もした。クセルクセス一世はアルテミシアの警告を無視し、紀元前四八〇年、サラミスの海戦で大敗を喫した。アルテミシアは大型艦船五隻を率いて海戦に加わった。だが、戦局が不利に傾くと、味方の船を攻撃して沈めた。これを見たギリシア軍は、アルテミシアが寝返ったと信じこんだ。アルテミシアが安全な場所まで逃げた後で、まんまとだまされたことに気づいたギリシア軍は腹をたて、彼女の首に一万ドラクマの懸賞金をかけた。

アルテミシアは自軍の犠牲者を抑えようとした賢明な武人だったのか？　それとも、単に身の安全をはかった臆病者だったのか？　それは見る者の解釈にまかされる。一説によれば、女王は調子よく二種類の旗を用意して戦いに臨んだという。ギリシア船を追撃しているときはペルシア軍の旗を掲げ、接近しすぎて危険を感じるとギリシアの旗に変えたというのだ。

だが、歴史家のヘロドトスはアルテミシアを高く評価し、『歴史』に次のように記している。

「アルテミシアという君主の話をしなくてはならない。女性であるにもかかわらず、アルテミシアがギリシアへの攻撃に参加したことに、私はひどく驚嘆した……アルテミシアは、戦いに赴かなくてはならない理由が何ひとつないにもかかわらず、生来の勇気と豪気から戦地に赴いた」。

ヘロドトスは最後に、アルテミシアがクセルクセス一世に対して行なった進言を称賛している。クセルクセスは、アルテミシアを悪く思っていなかったようだ。ペルシア軍の戦艦を沈めたのがアルテミシアだったと気づいていなかったのかもしれない。どのみち、死んだ水夫たちに抗議することはできない。いずれにせよ、王はその後もアルテミシアの助言を求め、今度は助言を聞き

死に方いろいろ 《溺死》

遠い昔から、溺死という処刑法は、人望のない王を始末するより、魔女の拷問に用いられる場合が多かった。しかし、恋に破れて海に飛びこんだアルテミシアから、散歩の途中ポケットに石を詰めてウーズ川で入水自殺したヴァージニア・ウルフまで、溺死には自殺者を惹きつけるロマンチックな魔力があるようだ。なぜ溺死には人気があるのだろう。楽に死ねると信じられていることが理由として挙げられるだろう。生への執着がやむと、溺れた者の前には、天上の音楽が鳴り響く、安らぎに満ちた風景が現れるといわれている。

もちろん、この説には物理的根拠がある。溺れると脳に十分な量の酸素が供給されなくなる。脳に酸素が不足すると、人は幻覚を見ることが多い。

入れて勝利をおさめた。

ハリカルナッソスはペルシアの庇護を受け、アルテミシアの治世下に繁栄した。しかし、クセルクセスも女王の心までは守れなかったという。晩年、アルテミシアはダルダニュスという美少年に夢中になった。悲しいことに女王の愛は報われなかった。アルテミシアは、眠っているダルダニュスの目をえぐり出すと、海に身を投げ、治世にピリオドを打った。

◉教訓

心に頭を支配させてはならない。

BC316

暗殺または不審死
オリュンピアス

オリュンピアスがいなければ、アレクサンドロス大王はこの世に存在しなかった。そしてアレクサンドロスがいなければ、ヘレニズム文化が西洋文化に巨大な足跡を残すこともなかっただろう。オリュンピアスは古代マケドニア王国の支配者フィリッポス二世の妃だった。ふたりの間に生まれたひとり息子が、かの有名なアレクサンドロス大王だ。これについてはオリュンピアスに感謝しなくてはならない。アレクサンドロスがいなければ、歴史は今よりずっと味気ないものになっていただろう。

アレクサンドロス大王を産んだことは、オリュンピアスが行なった数少ない社会貢献のひとつだった。そのほかには、ヘビと暴力を好んだことで知られている。王妃は、現実であれ妄想であれ、ライバルとみなした者は躊躇なく亡き者にした。殺しの手口はじつに残酷な創意にあふれていて、母をひたむきに愛していた息子でさえ戦慄させた。アレクサンドロスは、この世でただひとりを除き誰よりも母を愛していたが、それについてはロクサネの物語に譲るとしよう。

オリュンピアスと出会ったとき、フィリッポスはまだギリシアの一介の武人王で、安全保障のために敵国の娘を娶《めと》るのをつねとしていた。当時から、フィリッポスは戦が終わるたびに新しい妻を娶るという冗談があったほどだ。オリュンピアスは第四夫人だった。おまけにフィリッポスは、戦友たちとも友情以上の関係を楽しんでいた。

先に娶った三人の従順な花嫁に比べ、オリュンピアスは野性味あふれる女だった。エペイロスの王女だったが親は亡く、ディオニュソス神と陶酔を伴うその秘儀（秘儀に参加する者は踊り、ヘビを操り、浴びるように酒を飲む）を何より崇《あが》めていた。プルタルコスは、「これらの儀式に特有の踊りをよくし、傍らによくなれた大ヘビをはべらせた……男たちは恐れなくしてその光景を見ることはできなかった」と記している。マケドニア王が、ディオニュソスの秘儀に参加しながらオリュンピアスと恋に落ちたとは、じつに驚きだ。

彼らの結婚には、当初からさまざまな予兆があった。婚礼の前夜、オリュンピアスは雷に打たれる夢を見た。そこから大火が生じ、炎は大地を焼きつくして消えた。まもなくフィリッポスも夢を見た。夢の中で、王は獅子の像が刻印された封ろうで妻の性器に封をした。賢人はこの夢を、王妃が獅子のように勇敢な男児を身ごもるお告げだと請け合った。

神のお告げか否かはともかくとして、アレクサンドロスが偉業を成し遂げるために生まれてきたのは最初から明らかだった。息子の世界征服への足がかりを盤石にするためにオリュンピアスはさまざまな手を打ったが、それにはハリウッド一熱心なステージママもたじたじになっただろう。フィリッポスは妻の熱意をしだいに不快に感じるようになり、寝ている妻の傍らに大蛇が横たわっているのを見てからは夫婦関係を絶った。王は、王妃が魔女であるか、さもなければ動物にたびたび姿を変えて人間の女を誘惑する神ゼウスと交わっていると断じた。

いずれにせよ、フィリッポスは身の危険を感じていた。王は保身のためにオリュンピアスを離縁し、アレクサンドロスを後継者からはずし、マケドニア貴族の娘クレオパトラ・エウリデュケを新たに妻に迎えた。それは火に油を注ぐ結果となった。オリュンピアスは、アレクサンドロスは実はゼウスの息子で、フィリッポスにまさる神聖な存在なのだと言いふらした。ほどなくフィリッポスは嫉妬に狂った愛人（男性）に刺殺される。当然のことながら、陰謀のいたるところにオリュンピアスの影が認められた。一説によると、オリュンピアスが暗殺者に怒りを煽るような言葉を浴びせかけたのだという。さらに、処刑された暗殺者の亡骸に黄金の冠をかぶせた。これが喪に服する未亡人のすることだろうか。アレクサンドロス統治の障害を取り除くために、オリュンピアスはクレオパトラ・エウリデュケと、彼女がフィリッポスとの間にもうけた幼い娘を手にかけた。グリム童話さながら、娘は生きたまま焼かれ、クレオパトラ・エウリデュケは首つり自殺に追いこまれた。

このときから、アレクサンドロス、いやオリュンピアスの行く手をはばむ者はいなくなった。アレクサンドロスが遠征に出かけた後、母子がふたたび会うことはなかったが、母は息子に頻繁

アルゲアデス朝——帝国の建設とその末路

オリュンピアスはモロッソイ王国ネオプトレモス王の娘だった。モロッソイ人は、エペイロス（現ギリシアの北西部）の一部族だった。フィリッポスにはオリュンピアス以外にも複数の妻がいたが、オリュンピアスが亡くなった年まで生きながらえた者はいない。

アレクサンドロスは自分が築いた帝国の後継者を指名しなかった。死の床で後継者について尋ねられると、「最強の者に」という謎の言葉を残し、そのために混乱が生じた。アレクサンドロスの妻ロクサネは、夫の死後息子を産み、やはりアレクサンドロスと名づけた。当面つなぎの王をつとめたのは、アレクサンドロスの異母兄フィリッポス3世だった。フィリッポス3世は知的障害を持っていたが、オリュンピアスが趣味と実益を兼ねて毒を盛ったせいだと多くの者は信じていた。帝国は内戦で泥沼状態に陥《おちい》ったが、背後で糸を引き、混乱を煽ったのがオリュンピアスだ。

幾多の争いが重ねられたが、最終的に勝利をおさめたのは、アレクサンドロスの信頼が最も厚かった摂政アンティパトロスの息子、カッサンドロスだった。カッサンドロスは、アレクサンドロスの異母妹テッサロニカと結婚し、アレクサンドロスの血統は受け継がれた。

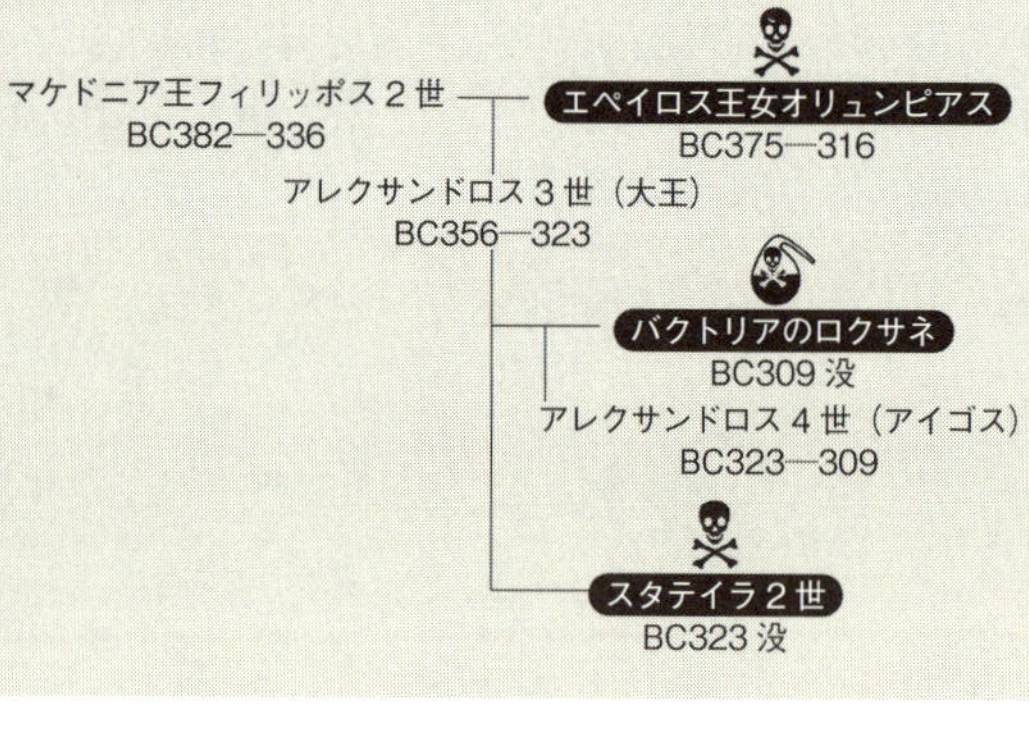

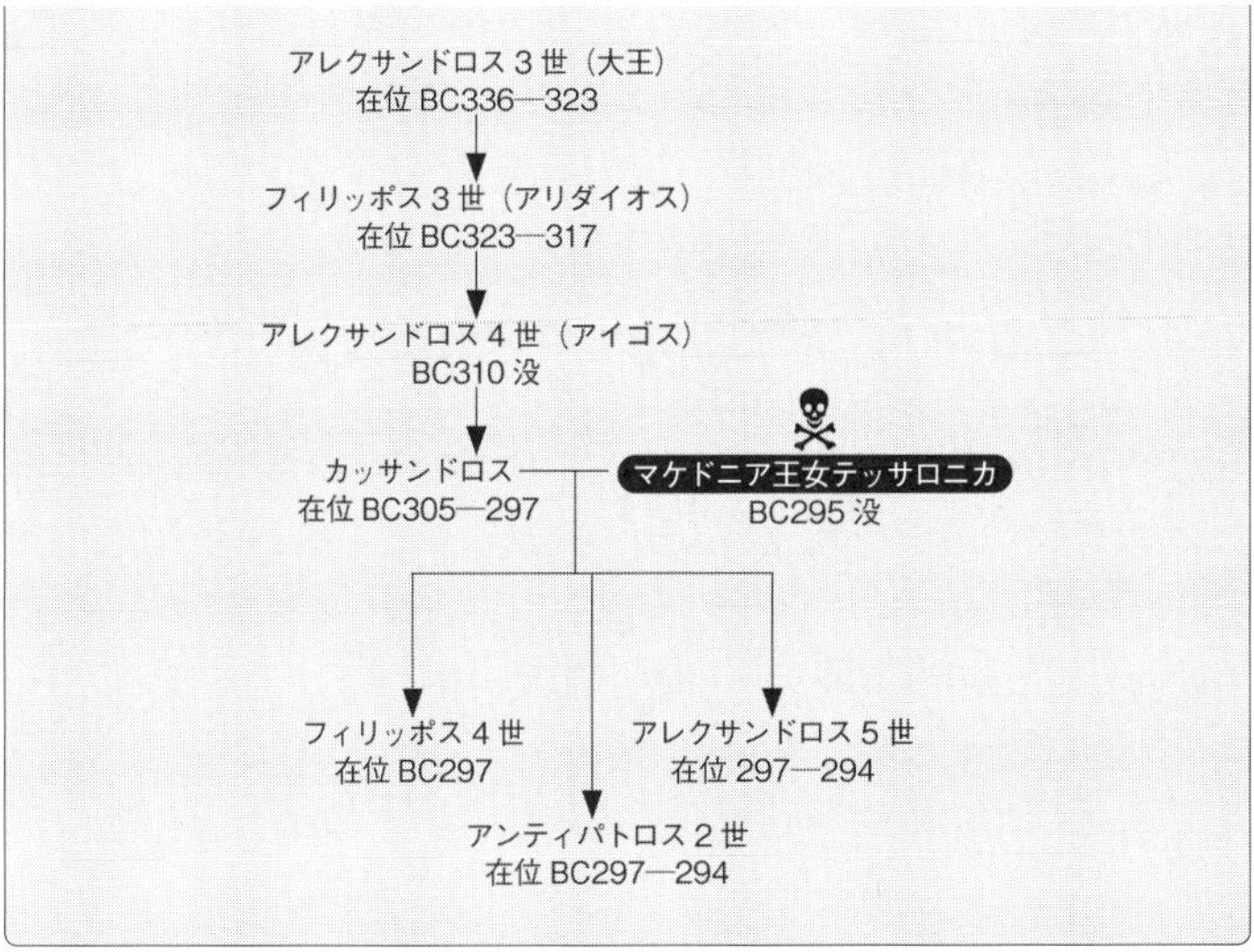

に手紙を書いた。息子は辛抱強く母の助言に耳を傾けたが、実行に移すことはめったになかった。一方のオリュンピアスも、思うがままの人生を送っていた。マケドニアで摂政位にあったアンティパトロスはアレクサンドロスに手紙を書き、オリュンピアスの干渉について不満を訴えたが、「アンティパトロスには、母親の一粒の涙が、こうした一万通の手紙を帳消しにすることがわからないのだ」とアレクサンドロスは考えていた。

お告げの通り、アレクサンドロスは獅子のように勇敢だった。だが、獅子も無敵ではない。アレクサンドロスは空前の大帝国を築いた後、紀元前三二三年に突然謎の病に斃《たお》れた。わずか三三歳だった。

アレクサンドロスという後ろ盾を失い、オリュンピアスは自分の命もそう長くはないと悟った。エペイロスへ帰り権力の座に返り咲く画策を練ったが、そんな彼女の前に、アンティパトロスの息子カッサンドロス（後のマケドニア王）が立ちふさがった。紀元前三一六年、オリュンピアスはカッサンドロスにより処刑された。カッサンドロスは埋葬の儀式を行なうことを許さず、死んだ王母の顔に泥を塗った。

◉**教訓**

宗教が解放するのは心だけである。

BC309

毒殺
ロクサネ

アレクサンドロス大王の妃ロクサネには同情を禁じえない。その美しさは、古代世界の華と謳われたにもかかわらず、アレクサンドロスの最愛の対象にはなれなかった。意外にも、大王のとどまるところを知らない情熱の対象は、母親のオリュンピアスでもなければ世界征服でもなかった。アレクサンドロスの最愛の人、それはヘファイスティオンという男性だった。そしてヘファイスティオンの死をきっかけに、ロクサネの人生は奈落の底へと転げ落ちていった。

ヘファイスティオンは、幼いころからアレクサンドロスの親友だった。成長してからふたりの関係は、単なる友情にとどまらなかったという史料もある。オリュンピアスは、彼らの強い絆に水を差そうとあらゆる手をつくした。息子を女性に慣れさせようと、評判の高級娼婦を送りつけたことさえある。けれども、アレクサンドロスは彼女との行為を拒んだ。娼婦など、愛するヘファイスティオンの足下にもおよばなかったからだ。

アレクサンドロスがペルシアを征服しなければ、ロクサネはありきたりの武将とでも結婚して、ありがたいことに世に知られることもなく平穏無事に一生を終えただろう。だが、運命のいたずらか、王家の争いに巻きこまれて、息子ともども若い命を散らすことになった。

ロクサネは、現在のアフガニスタンに位置するバクトリアの豪族オクシュアルテスの娘だった。「ロクサネ」とは「小さな星」という意味だ。光輝く美しさのためにそう呼ばれるようになったのだろう。バクトリアの豪族たちは、敵に攻撃されるたびにソグディアナの岩砦に逃げこんだ。ソグディアナの岩砦は四方を断崖に囲まれた難攻不落の要塞だった――アレクサンドロス大王がやってくるまでは。紀元前三二七年、アレクサンドロスは、登山の上手な三〇〇人の兵士を集め、夜中に崖を登らせた。翌朝、砦に到達した兵士たちはオクシュアルテスとその軍勢に、しゃれたマケドニアふう朝食をふるまった。アレクサンドロスに岩砦を征服されて戦意を喪失したオクシュアルテスは降伏し、さらに娘のロクサネを差し出した。ヘファイスティオンが花婿の介添人をつとめた。

プルタルコスは、大王がひと目ぼれしたのだと言うが、それはありえないだろう。アレクサンドロスの眼中にはヘファイスティオンしかなかったのだから。ロクサネとの結婚は、同盟を強固にするためのしたたかな政治的戦略に基づいていた。アレクサンドロスの名誉のために断っておくが、ふたりの婚礼はバクトリアの風習にのっとって行なわれ、アレクサンドロスは、異民族を単に侵略するのではなく同化する為政者として多くの者から尊敬を勝ち得た。三年後にペルシア王国を征服したときは、同様の理由から、ペルシア王ダレイオス三世の娘スタテイラと結婚した。ふたりは合同結婚式で結ばれた。アレクサンドロスは、政治的結びつきを強化する奥の手だと言って、マケドニア兵たちにも合同結婚式への参加を強く主張した。

ロクサネにとって、アレクサンドロスとの結婚生活とは、果てしなく続く行軍に耐えることだった。伝説によれば、征服できた者のない別天地として恐れられていたインドにまで、夫につき従ったという。アレクサンドロスの挑戦はとどまるところを知らなかったが、インドでは勝利することができなかった。しかし、苛酷をきわめた行軍も、紀元前三二四年にヘファイスティオンが急死した後の人生に比べればどうということはなかった。ヘファイスティオンの死後、アレクサンドロスは人が変わったようになってしまい、数か月後、やはり急な病がもとで亡くなった。ふたりとも毒を盛られたのだという説もある。婚礼から六年、ロクサネがやっと妊娠した矢先の出来事だった。

ロクサネの産んだ子が娘であったなら、運命もこれほど苛酷ではなかったかもしれない。だが、生まれたのは男の子だった。アレクサンドロスが亡くなった後の混乱を思えば、ロクサネと息子アレクサンドロスがあれだけ生き延びられたことのほうが驚きだ。ロクサネはあらゆる手をつくした。アレクサンドロスの第二夫人であるスタテイラを罠にかけて殺し、義理の母オリュンピアスに庇護を請い、アレクサンドロスが築いた帝国の最も有力な後継者候補と目されていたカッサンドロスから守ってもらった。だがそれでも、とくにオリュンピアスが処刑された後では、母と子が生き延びることは難しかった。
紀元前三〇九年、ロクサネと一二歳になる息子はカッサンドロスに毒殺された。こうしてアレクサンドロス大王の直系は途絶えた。

◉教訓

男を愛する男と結婚してはならない。

BC295

暗殺または不審死
テッサロニカ

紀元前三二三年にアレクサンドロス大王が亡くなると、後に残された血縁者のほとんどが、帝国の領土争いに巻きこまれて命を落とした。特筆すべき例外が、アレクサンドロスの異母妹テッサロニカだ。

ほかの多くの人々が拒《こば》めなかった死の杯を、テッサロニカはどうして免れたのか？　おそらく、アレクサンドロスとほとんどかかわりがなかったことが良かったのだろう。兄が遠征に出発したとき、テッサロニカはほんの子どもだった。フィリッポスの妾ニシケポリスの娘だったことも一因だろう。ニシケポリスは、紀元前三四二年にテッサロニカを産んでまもなく亡くなり、テッサロニカは、アレクサンドロスの母オリュンピアスに育てられた。まさかと思われるだろうが、オリュンピアスはテッサロニカを慈しみ、ディオニュソスの秘儀を伝えた。少なくとも、この娘が自分の世俗的野心の妨げになるとは考えなかった。

だが、一度目のピンチはしのげたテッサロニカも、二度目は危うかった。アレクサンドロス大王の訃報を聞いたテッサロニカは、育ての母であり、王位を狙うカッサンドロスと敵対するオリュンピアスのもとに身を寄せた。数年後、カッサンドロスはついに腹を据えてオリュンピアスを滅ぼす。しかしカッサンドロスは、テッサロニカには異なる運命を用意していた。彼女を妻に迎えたのだ。紀元前三一五年、カッサンドロスはテッサロニカと結婚し、ついに正統な王位継承権を手に入れた。

これほどたいへんな目にあったのだ。その後テッサロニカはさぞや幸福な人生を送ったと思われるだろう。妾腹の生まれから、王族の出世コースに乗り、なんと王妃にまで登りつめたのだ。カッサンドロスとテッサロニカは仲睦まじい夫婦だったようだ。まもなくフィリッポス、アンティパトロス、アレクサンドロスという三人の息子に恵まれた。カッサンドロスは妻をたたえて、ある都市にテッサロニケーと命名したほどだった。しかし、こうした血と寝台による絆にも、王妃がマケドニア版『リア王』の主役となるのを阻止する力はなかった。

王国を支配するのは誰かという話になると、三人息子のうちふたりが余計だった。紀元前二九七年、カッサンドロスが浮腫のため世を去ると、テッサロニカは策謀家だった養母の教えを使って三人の息子を思い通りに操ろうとした。だが、王妃がオリュンピアスになれるはずもなく――彼ら全員のもとに死がすみやかに訪れた。

王位を継いでまもなく、長男のフィリッポスが原因不明の病気で亡くなった。二年後の紀元前二九五年には次男のアンティパトロスが、母親が弟のアレクサンドロスばかりかわいがるのに嫉妬して母を暗殺した。家族の内紛を逃れられた者はいなかった。アレクサンドロスはアンティパトロスを殺害し、自分も王位を狙う者の手で暗殺された。

テッサロニカの遺骸の行方は今もわからないが、ギリシアの民間伝承にはテッサロニカの伝説が残っている。それによると、王妃は亡くなってから人魚に姿を変え、今もエーゲ海に住んでいるという。

◉**教訓**

王位継承者はひとりで十分。

人魚伝説

人魚伝説の起源はおよそ紀元前1000年、テッサロニカの時代から700年ほど前にさかのぼる。当時の人魚伝説も報われない人間関係にまつわるものだった。最古の人魚伝説は、悲しい結末を迎えた恋の後、湖に身を投げた古代アッシリアの女神アタルガティスの物語だ。アタルガティスは魚に姿を変えたかったのだが、神であったために完全な魚にはなれず、腰から上は人間の姿になった。

BC284

溺死
アマストリス

テッサロニカと息子たちの死により、アレクサンドロス大王の血筋は完全に途絶えた。しかし、大王が遺した衝撃の余波は、その後も数年にわたり古代世界を揺るがし続けた。その最後の犠牲者が、現トルコ領の海岸にあったギリシア植民都市ヘラクレア・ポンティカの女王アマストリスだ。

アマストリスは、ペルシア王ダレイオス三世の弟オクシュアルテスの娘だった。アレクサンドロス大王が、ダレイオス王からペルシアを奪ったことを祝して合同結婚式を挙げたことを覚えておいでだろうか？　アマストリスは心ならずも式に参加した戦争花嫁のひとりだった。お相手は、クラテロスというアレクサンドロス側近の独身の将軍だった。後になればわかることだが、クラテロスは、アマストリスの華麗な結婚遍歴の皮切りにすぎなかった。アマストリスは、亡くなるまでに少なくともあと二回は、王族の男性と結婚している。

一年後の紀元前三二三年には、アレクサンドロスの発案によるアマストリスの結婚は白紙に戻っていた。偉大な王が亡くなると、クラテロスは新妻を捨ててマケドニアに残してきた恋人のもとへ帰ってしまったのだ。ただし帰国前には、ヘラクレア・ポンティカの支配者ディオニュシウスをアマストリスの次の夫として祝福している。

噂によると、ディオニュシウスは、アレクサンドロス大王の死に狂喜して、果てしない贅沢と大食に溺れたという。アレクサンドロスの死をきっかけに、ディオニュシウスの宮殿では飲めや歌えの大騒ぎが昼も夜もなく続いた。その資金の大半を提供したのが、厖大な持参金つきで嫁いできたアマストリスだった。だが、「過ぎたるは及ばざるがごとし」と言う通り、ディオニュシウスは病的に肥満してしまった。しかし、肥満も何のその、夫婦はたちまち三人の子宝に恵まれた。クレアルコス、オクシュアルテス、そして母と同じ名を持つアマストリスという娘だった。紀元前三〇六年、ディオニュシウスは太りすぎで窒息死し、王妃が息子たちの後見役となって政治を行なった。

専制君主

現代の辞書によると、「専制君主（tyrant）」とは、残酷で圧制的な手段によって権力を行使する支配者と定義されている。しかし、古代ギリシアでtyrantとは、支配する権利を手にした者という意味だった。彼らの統治は、法律や生得権に裏付けられたものではなく、地元の商人や労働者たちの支持を背景とする場合が一般的だった。軍事政変というより企業買収に近いだろう。実際、専制君主（tyrant）ディオニュシウスは民衆から愛されて、「善良王」と呼ばれたほどだった。

アマストリスはひとりで生きていく覚悟だった。だが、オデュッセウスの留守を守るペネロペよろしく、アマストリスのもとにも、空きができた王座と寝台にもぐり込もうとする男たちがたちまち詰めかけた。次なる幸運な勝者は、後のマケドニア王リュシマコスだった。リュシマコスは、アマストリスの豊かな財産も、女王その人も愛した。しかし、政治的にもっと見返りの大きいエジプトの女王から結婚を申し込まれると、ふらりと出かけたきり帰ってこなかった。

またも独身に戻ったアマストリスは、今度こそひとりで生きていこうとヘラクレア・ポンティカを単独統治することにした。歴史家メムノンによれば、女王は善政を行ない、領土を拡大し国力を増し、その後、拡大した領土にアマストリスという都市を建設した。子どもたちが成人すると、よく手入れされた冠を譲り、まだ先の長い余生を静かに楽しむ準備をはじめた。だが、思うようにことは運ばなかった。

アマストリスの息子たちは、人望の厚かった両親と違い冷酷な暴君となった。自分たちの政治に不満を募らせる民衆の目をそらそうと、アマストリスが船で出かけたところを狙って溺死させた。母親殺しへの報復は、女王の領土を取り戻したいのはもちろんのこと、女王への変わらぬ愛を確信した最後の夫リュシマコスによって即座に成し遂げられた。

◉教訓

敵が漕ぐ船に乗ってはならない。

BC80

暗殺または不審死

ベレニケ三世

ベレニケ三世は、単独統治を初めて行なったエジプト女王だ。在位期間こそ短かったが、ベレニケ三世という先例があったからこそ、子孫のクレオパトラも単独統治を行なってみようという気になれたのだろう。意外に思われるだろうが、ベレニケにもクレオパトラにもエジプト人の血は流れていなかった。おまけにベレニケは、エジプト語を話すこともできず、ギリシア語を共通語《リングワフランカ》にしていた。

どういうわけでエジプト人でもない女性がエジプトの王座に就けたのだろう？　そのわけは、二世紀ほど前に活躍したアレクサンドロス大王にさかのぼる。アレクサンドロスの体が意志ほど強くはなかったことが明らかになると、彼が築いた広大な帝国は、強力な支配者を失ったすべての帝国と同じ運命をたどり、利益の分け前にあずかろうとする貪欲な者たちの手で細切れにされた。ベレニケ三世の祖先、プトレマイオスはアレクサンドロスの遠縁にあたり、非常に有能な将軍のひとりでもあった。領土を欲しがった点はライバルたちと変わりなかったが、プトレマイオスは一枚上手で、身の程知らずに世界を欲するのではなく、エジプトだけで満足した。

地理的孤立に加えて、農作物の安定した収穫が見込める土地の為政者は幸福だ。エジプトは四方を海と山に囲まれているため、奇襲をしかけるには不向きな地形で、さらにその富をナイル川が支えていた。ナイル川は毎年氾濫を起こし、古代の社会の存続に不可欠な、豊かな実りを約束してくれた。プトレマイオスは、エジプト支配をさらに強固にするためにアレクサンドロスの亡骸を奪い、エジプトの首都アレクサンドリア中心部の壮大な霊廟に埋葬した。文字通りアレクサンドロスの体を手に入れたことで、プトレマイオスのエジプト支配を正当化する空気が生まれ、おかげで子孫たちはそれから三〇〇年間エジプトを統治することができた。唯一目障りなのがローマ帝国だったが、定期的に貢物をおさめて機嫌を取った。

元をたどればマケドニアの貴族だったプトレマイオスとその一族は、言葉はともかく、帰化した土地のしきたりをすぐに取り入れた。その最たるものが近親婚を利用した権力の強化だった。エジプトの神話は兄と妹（弟と姉）、叔父と姪の結婚を奨励していたが、この伝統に反対する理由はまったくなかった。プトレマイオス朝は、同じ名前をうんざりするほど使いまわした。そのため、誰が、いつ、どのような統治を行なったのかをはっきりさせたいときは紛らわしい。

代々プトレマイオスがプトレマイオスの後を継ぐのが恒例になっていた。そこに現れたのが三代目の「ベレニケ」だった。

プトレマイオス朝——近親婚が招いた不和

プトレマイオス１世には、エジプト人の血が一滴も流れていなかったが、彼が開いた王朝は数百年にわたりナイル流域を支配した。ベレニケ３世は彼の直系の子孫だ。

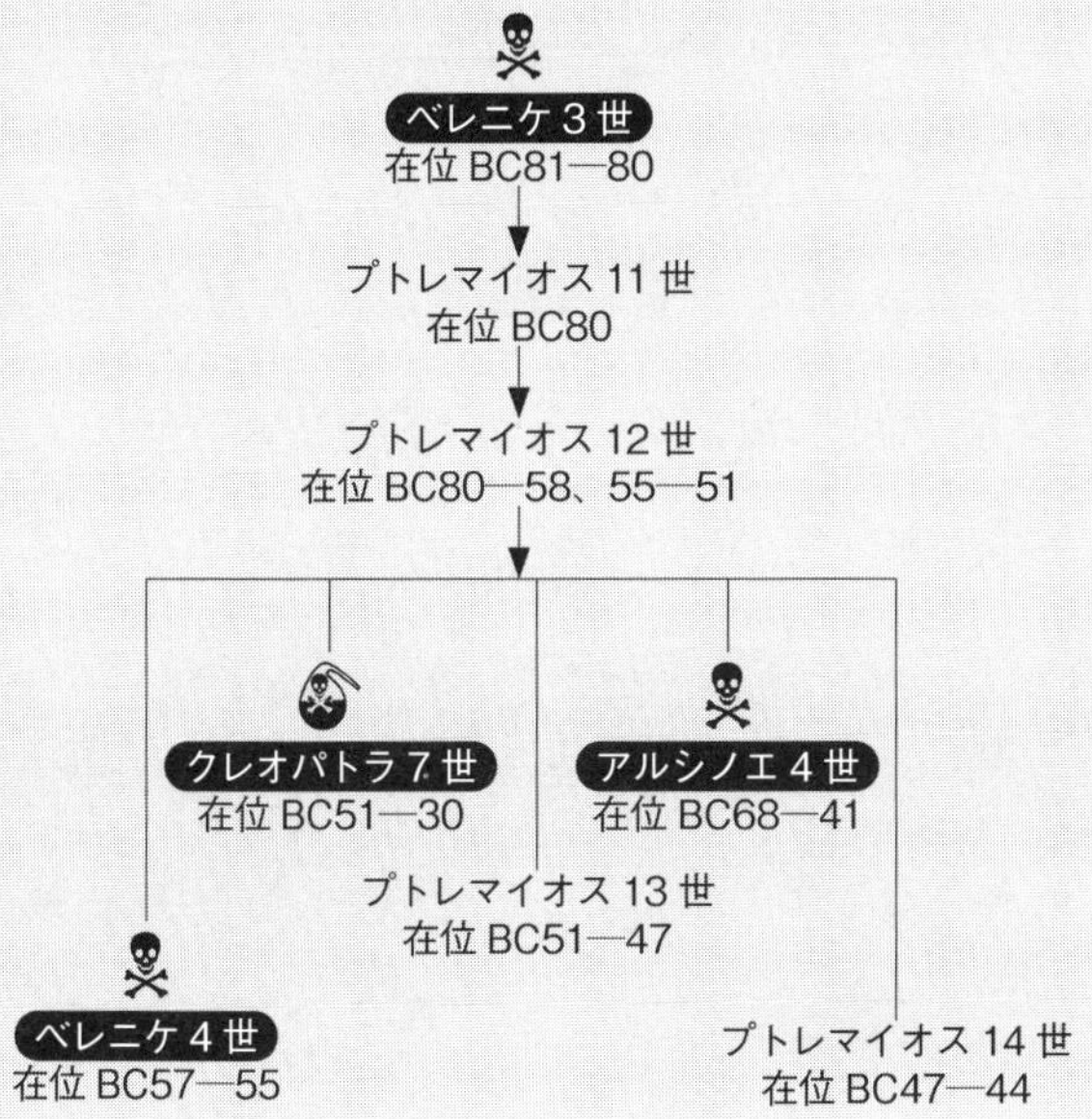

女王ベレニケ三世は、プトレマイオス九世の娘だった。父親はベレニケを自分の弟と結婚させた。当然のことながら、彼の名もプトレマイオス一〇世だった。ふたりの間に夫婦の営みがあったかどうかは定かではないが、それはともかく、後継ぎを授かる前にベレニケは未亡人になった。紀元前八一年に父が亡くなると、ベレニケは、単独統治者となることを決意した。夫は、亡くなった夫ひとりで十分だった。だが、ローマ政府は良い顔をしなかった。ベレニケは、彼らの不満をなだめるために、父親の義理の息子プトレマイオス一一世と結婚することにした。しかし、プトレマイオス一一世にしてみれば、エジプトを手に入れてしまえば女王に用はなかった。王の即位からわずか三週間後、ベレニケは暗殺された。

今度のプトレマイオスの治世はさらに短命だった。ベレニケは、在位期間こそ半年と短かったが、その間に民衆の心をがっちりつかんでいたのだ。ベレニケの死から数日後、プトレマイオスは民衆になぶり殺しにされた。こうして民衆は女王への忠誠を示した。

◉教訓

力をわかちあえば、失うことになる。

BC71

毒殺
許平君

エジプトで女王ベレニケが暗殺されてからおよそ九年後、地球の裏側でも王家の女性が不審な死を遂げた。中国の皇后、許平君《きょへいくん》が、権力欲に駆られたある一族の野望のために命を絶たれたのだ。ベレニケのかたき討ちがすぐに行なわれたのに対して、許平君の暗殺者が裁きを受けたのは五年後だった。

この哀れな女性は、輝かしい前漢王朝の皇后だった。漢王朝は、陶器が発達し、最初の辞典が編纂され、儒教が普及するなど数多くの進歩があった時代だった。許平君は宣帝《せんてい》の献身的な妻だった。夫の宣帝は平民の間で育てられたが、一八歳のとき皇帝に擁立された。まさにシンデレラストーリーだ。宣帝の後見人となった霍光《かくこう》は政界の有力者で、無能とわかった先の皇帝を廃位するなど造作もなかった。

当初、許平君は皇帝の妃という身分だった。霍光は皇帝に、第二夫人を娶《めと》って皇后をたててはどうかと自分の娘を勧めた（娘が皇后になれば、霍光がはじめた陰湿なクーデターは完璧となるはずだった）。しかし皇帝は、貧しく身分が低かったころに嫁いできてくれた妻を心から愛していたので、政治を愛情に優先させることはしなかった。

紀元前七四年、許平君は皇后に即位した。皇后になっても出自を忘れず、夫と同じく慎み深い行ないで尊敬を集めた。霍光の妻の顕夫人さえいなければ、誰もが末永く幸せに暮らせただろう。顕夫人は、皇帝に娘を断られたことを軽く受け流せなかった。政界の実力者である夫以上の野心家で、前漢王朝版マクベス夫人のような女だった。

顕夫人は野望を実現する機会をうかがっていた。三年の歳月をかけた顕夫人の悪だくみはとても手がこんでいた。許平君が二番目の子を出産するとき、顕夫人は、皇后付きの女医を買収して薬にトリカブトを混ぜさせた。トリカブトには猛毒があり、口にした者は窒息死する。許平君がお産の後で亡くなったため、人々は、皇后が残酷な悪だくみで殺されたのではなく、お産の肥立ちが悪くて亡くなったのだろうと考えた。

しかし、許平君の死因を調べるために女医が拘束されると、頼りにならない女医に犯人と名指しされるのを恐れた顕夫人は、持ち前の冷静さを失い、夫を説得して訴訟を取り下げさせた。ピンチをしのいだ顕夫人は、あらためて壮大な夢の実現に専念した。まもなく皇帝は、妻を亡くして悲しみに沈んでいるところを慰めてくれた顕夫人の娘を皇后にたてた。

悪人たちに幸福の女神が微笑んだかに思えたが、悪事はいつか必ずばれる。五年後、宣帝は許平君の死の真相を知り、霍一族を処刑した。

◉教訓

医者は自分で選び、診療代をしっかり支払うべし。

死に方いろいろ 《服毒死》

小説『ボヴァリー夫人』の主人公、ボヴァリー夫人が発見したように、服毒死は楽な死に方ではない。フローベールの代表作の不貞な女主人公は、ヒ素入りの殺鼠剤を飲めば安らかな永遠の眠りにつけると思っていた。だがそうはならなかった。「血の気のひいた顔から、玉の汗がにじみ出てきた……歯がかちかちと鳴り、かっと見開かれた目でぼんやりあたりを見回した……体が痙攣し、『ああ、苦しい！　苦しい！』と叫んだ」。ボヴァリー夫人に死が訪れたのは、数時間にわたって散々苦しみ抜いた後だった。口から流れ出た黒いタール状の嘔吐物が激しい苦しみを物語っていた。

ヒ素には味も匂いもない。だから殺人の道具として非常に人気が高い。ヒ素を飲むと、肝臓や呼吸器は取り返しのつかないダメージを受ける。許平君を死に至らしめたトリカブトの毒は、ヒ素と異なり心臓血管系の機能を低下させるので、服用した者は酸素不足となって窒息死する。ヘビの毒には、神経系を麻痺させてトリカブトに似た症状を招くものと、赤血球を破壊して内出血を起こさせるものがある。古代エジプトやギリシアでは、処刑にエジプトコブラが用いられた。哀れな許平君の薬にこっそり混ぜられたトリカブトより、はるかによく知られた方法だった。

BC55

暗殺または不審死

ベレニケ四世

舞台はふたたびエジプト、もうひとりのベレニケの登場だ。エジプト女王ベレニケ四世の在位期間は、暗殺された祖先のベレニケ三世と同様に短命に終わった。後のベレニケは、前のベレニケより一年長く女王の座を守ることができたが、どちらの統治もぱっとしない点では大差ない。

紀元前五七年、ベレニケ四世が女王の座に就いた時代、それはプトレマイオス朝の落日期だった。三〇〇年にわたって繰り返された近親婚は一族内の権力争いと弱体化を招いた。ベレニケは、プトレマイオス一二世の五人の子の中でいちばん年長だった。プトレマイオス一二世はエジプトのファラオだったが、ぽっちゃりした頬と、酒を飲んでは笛を吹くくせを揶揄《やゆ》されて、民衆から「笛吹き王《アウレテース》」と呼ばれていた。エジプトの民衆は、王を頭も弱ければ意志も弱いと見下していた。とくに、貪欲さを増す一方のローマ帝国の言いなりになって王が重税を課してからは、民衆の反感が強まった。

プトレマイオス一二世が自らの王座を死守するためにエジプトの植民地だったキプロスをローマ帝国に明け渡したため、エジプトの民衆の不満は爆発して反乱が相次いだ。王はローマへ逃亡した。ローマ政府を説得してキプロス島を返還してもらい、権力を強化するつもりだった。

王が逃げ出したため、ローマ政府は二〇歳のベレニケに留守をまかせることにした。ベレニケはローマ政府の意表をつき、父親の不在をこれ幸いと女王を名乗った。エジプトの民衆はこれを歓迎し、ベレニケの統治を両手を挙げて支持した。ベレニケの四歳年下の妹クレオパトラ七世（そう、あのクレオパトラだ）も、弟のプトレマイオス一三世も妹アルシノエも、そして「帰ってきた」プトレマイオス一二世も、自分の首を守るには口をつぐんでいるしかなかった。それ以外になす術はなかった。

ベレニケ四世の治世は混乱と殺人に彩られていた。治世の最初、彼女は共同統治者をたてていたようだ。紛らわしいことに、共同統治者の名前もクレオパトラだったが、こちらのクレオパトラが母親のクレオパトラ五世か、姉のクレオパトラ六世かは定かでない。いずれにせよ、共同統治者はすぐに世を去った。次に白羽の矢がたったのが、いとこのセレウコスだった。民衆は、女がひとりで統治するのを快く思わない。そこで不安になった女王はセレウコスと結婚して支配を安定させようとした。しかし蜜月は短かった。セレウコスは結婚して一週間もしないうちに暗殺された。

ベレニケはすぐに再婚しようとした。今度の相手はカッパドキアのアルケラオスだった。こうしたすったもんだが続いている間に、女王の父親は執拗に政権奪回を画策し、ローマからエフェソスへ赴いて、シリア人たちの支援を取りつけていた。

紀元前五五年、プトレマイオスは故郷エジプトへ意気揚々と進軍し、父性愛などどこへやら、ベレニケとその側近たちを即刻処刑した。一説によれば、大皿に載せたベレニケの首を運んでこさせ、その様子をクレオパトラ七世も見ていたという。まさか、その首を祝宴の一品に供することはなかっただろうが……。

◉教訓

店番をまかされたときは、キャンディの缶に勝手に手を突っこむべからず。

その後のお話

ベレニケ4世の死によって、妹のクレオパトラ7世が次期王位継承者となった。王位を家族だけで継承するために、父プトレマイオス12世は、クレオパトラとその弟プトレマイオス13世の結婚を取り決めた。4年後、父プトレマイオスは66歳の高齢で亡くなった。意外にも、死因はアルコール中毒でも、ローマ兵や謀略に長けた子どもたちの手にかかったわけでもなく、病気だった。

BC42

焼死
アヌラ

性的カニバリズム――性交後に交わった相手を食べる――は、昆虫世界の「愛の死《リーベストッド》」だ。代表格がカマキリとクロゴケグモで、どちらの種も交尾の後でメスがオスを食い殺す。人間の世界では、本来性的カニバリズムは存在しない。殺人に対する禁忌《タブー》が、性交後の暴力の抑止に一役買っているのは間違いない。しかし、こうしたささやかな社会のおきてには、かつてスリランカにあった南インドの王国の王妃アヌラが、次から次へと男と寝ては相手を殺《あや》め、ついに王座に就くのを止める力はなかった。

アヌラの人生はエロティックな映画『氷の微笑』を髣髴《ほうふつ》とさせる。仏教の修行僧が編纂したスリランカの歴史書『マハーバンサ』に、アヌラの治世にかんする記録が残っている。シャロン・ストーンが演じる魔性の女のように、アヌラは次々と男を誘惑し、その死を踏み台にして権力を手にした。最後のころには、その手口はうんざりするほどマンネリ化していた。アヌラのお気に入りの武器は毒、お気に入りの獲物は下層階級の男だった。数は多ければ多いほどよかった。

コーラナーガ王と結婚する以前のアヌラについては、ほとんど何もわかっていない。紀元前六二年、コーラナーガは政変によって王となった。王妃となったアヌラは、最初の一二年間はおとなしくしていたが、その後、宮殿の護衛だったシバへの情欲に駆られて行動を開始した。コーラナーガ王は長年連れ添ってきた妻をすっかり信用していたので、妻が差し出すものは何でも口にした。まもなく王は亡くなった。

王が崩御したので、王族の別の男性が王位を引き継ぐことになった。廃位されたアヌラはシバと結婚した。しかし、権力というスパイスが効いたセックスの味が忘れがたかったのだろう。アヌラはふたたび王に毒を盛った。今度はわずか三年しか待たなかった。アヌラはシバを王位に就け、自らも王妃に返り咲いた。

その後、王妃アヌラを止めるものはなくなった。気まぐれな愛情の対象が大工に移り、シバの在位は一年で終わった。大工はすぐに木こりに取って代わられた。ふたりとも、アヌラのお気に入りの手口でさっさとあの世へ送られた。アヌラには、同時並行してたくさんの仕事をこなす才能があることもわかった。何度も結婚し、飽きた夫を始末している最中にも、三二人の宮廷護衛たちとセックスを楽しんでいたのだから。

最後の夫の毒殺後、アヌラは自分で国を統治しようとしたが、ついに民衆の堪忍袋の緒が切れた。夫殺しはかまわなくても、夫抜きの統治は許されなかった。四か月も経たないうちにアヌラは強制的に廃位させられ、かつて男たちを殺した宮殿に閉じこめられて火を放たれた。

◉教訓

死者を踏み台にして成功への階段をのぼるとき、生者を無視してはならない。

死に方いろいろ　《焼死》

トマス・マロリーの散文物語『アーサー王の死』で、騎士ランスロットとの不倫が発覚した王妃グィネヴィアは、火あぶりの刑を宣告される。グィネヴィアは王衣をはぎ取られ、野次を浴びせる群集たちの前で太い杭に縛りつけられるが、幸いにも間一髪のところで、忠実なるしもべランスロットに救い出される。

火あぶりの刑ほど苦しい死に方はない。ヨーロッパでは、魔女、同性愛者、異端者とみなされた人たちが――王族も例外ではなかった――火あぶりに処せられた。火あぶりが最も盛んだったのは中世で、それは公式の儀式でもあり、大勢の人が見物につめかけ、刑の執行に抗議する場合も多かった。刑の前にはミサがたてられたが、往々にして世間の注目を浴びたいと願う野心家の聖職者が司式を行なった。

体に火が燃え移る前に、煙を吸いこんで絶命できた者は運がよかった。少しでも早く絶命できるように家族や友人が死刑執行人に金を握らせて、火にくべる木を増やしてもらうこともあれば、死刑囚の首の回りに火薬の包みをいくつもつるして、点火したらすぐに絶命できるようにすることもあった。

アヌラの死には厳粛さのかけらもなかった。残忍な支配者を亡き者にしようとする怒れる民衆の手で、アヌラの宮殿を焼きつくす炎には続々と木がくべられた。

BC41

暗殺または不審死

アルシノエ四世

アルシノエ四世は、ユリウス・カエサル、次いでマルクス・アントニウスと同盟を結んだことで有名な、美貌のエジプト女王クレオパトラの妹だ。アルシノエには、クレオパトラのほかに三人のきょうだいがいた。ふたりの弟（どちらもプトレマイオスという名前だった）と、ベレニケという姉だったが、ベレニケは、父プトレマイオス一二世のものだった王座を横取りしようとして、紀元前五五年に処刑された。

アルシノエはベレニケよりは賢明だった。父の死を見届けてから、エジプトの王座を狙ったのだから。だが、クレオパトラはアルシノエよりさらに上手で、結局アルシノエはこの姉に死をお膳立てされることになった。歴史から明らかなように、プトレマイオス朝の一族は血で血を洗う骨肉の争いを繰り返していた。

紀元前五一年、プトレマイオス一二世が亡くなると、クレオパトラと、その弟で夫となったプトレマイオス一三世がエジプトを共同統治することになった。これを不満に思ったプトレマイオス一三世は、エジプトをひとり占めしようと決意し、アルシノエも喜んで弟に与《くみ》した。まもなく、ローマの最高司令官ユリウス・カエサルが一族の内輪もめに介入してきた。ローマにとって、エジプト経済の安定を保つことは重要だったからだ。アルシノエをカエサルに妻《め》あわせようとしたという説もあるが、ローマの武人を魅了したのは魅惑的な姉クレオパトラだった。

クレオパトラの肉体を堪能したカエサルは、クレオパトラをエジプトの単独統治者として復位させた。アルシノエはブービー賞としてキプロス島をもらった。つまり、手ぶらで帰されたわけではなかった。しかし、アルシノエはこれに満足せず、クレオパトラとカエサルへの反乱をたくらんだ。クレオパトラに反感を持つ者たちにとって、キプロスの女王はかっこうの旗じるしとなった。

紀元前四八年、姉から王座を奪取しようと軍勢を集結させたアルシノエは、カエサルとクレオパトラを宮殿に閉じこめ包囲した。だが、それも長くは続かなかった。紀元前四七年初頭にカエサルの援軍がエジプトに到着して、元気いっぱいのカップルを解放すると同時に、アルシノエを捕らえた。アルシノエは王冠をはく奪されてローマに護送され、戦争捕虜として鎖につながれ凱旋式の見世物にされた。

戦争捕虜は死刑とされる場合もあったが、アルシノエはカエサルの温情で死刑を免れた。クレオパトラの妹だったからだろう。カエサルによってエフェソスに逃れるのを許されたアルシノエは、ほどなくアルテミス宮殿に腰を落ち着けた。あきれたことに、アルシノエは性懲りもなくふたたび陰謀を練りはじめ、アルテミス神殿の高位の神官に自分を女王と呼べと命じさえした。

クレオパトラは五年後に復讐を遂げた。カエサルの死後マルクス・アントニウスと手を組んだクレオパトラは、愛人に頼んでアルシノエの処刑を手配させた。紀元前四一年、アルシノエはかつて自ら聖域と呼んだアルテミス神殿で殺された。

◉教訓

血が血より濃いことはまれである。

その後のお話

アルシノエの物語は、はるかに華やかな姉クレオパトラの陰になって見落とされてきた。歴史は勝者の手で書かれる場合が圧倒的に多いからだ。だが、アルシノエは死者となって初めて、生前には許されなかった女王にふさわしい尊厳をこめて埋葬された。アルシノエの亡骸は、古代世界七不思議のひとつ、アルテミス神殿の納骨所に埋葬された。いまだにその墓の場所は突きとめられていないらしい。

BC30

強制的自殺
クレオパトラ

クレオパトラは女王として二〇年以上にわたりエジプトを統治した。アル中のファラオを頭《かしら》とし、たび重なる近親交配の結果、機能不全に陥っていた一家の女性としては記念碑的偉業といえる。その魅力と並はずれた知性は当時から称賛され、歴史家のディオ・カッシウスは「クレオパトラは、その言葉に耳を傾ける者すべてを虜《とりこ》にした」と記している。ギリシア人の血筋ではあったが、エジプトの伝統に心酔し、家族の中でただひとりエジプト語をマスターしていた。

クレオパトラが一七歳のとき、父プトレマイオス一二世が逝去した。プトレマイオス一二世は、八歳になる弟で夫のプトレマイオス一三世とエジプトを共同統治するよう、クレオパトラを指名した。しかし父親の命《めい》は無視され、クレオパトラは、プトレマイオス一三世の側近たちによってすぐに首都から追放された――夫婦の誓いなんて所詮そんなものだ。だが、権謀術数がはりめぐらされた家庭で育ったクレオパトラには、生き残るための知恵があった。追放されている間に兵を集めて大軍を組織したのだ。しかし、プトレマイオス一三世は、クレオパトラが差し出した手を取ることを拒んだ。もはや打つ手はつきた。数か月が過ぎ、兵士たちを食べさせ、士気を維持するのはいよいよ困難になっていった。

万事休すと思われたそのとき、運よくローマの司令官ユリウス・カエサルがアレクサンドリアに到着した。この中年の武人は自分の側につく、クレオパトラはそう確信していたが、カエサルに会いに首都にのこのこ舞い戻れば、すぐに殺されてしまうのがおちだ。そこで一計を案じ、小柄な体を活かして絨毯にくるまりカエサルのもとへ運ばせた。

カエサルはクレオパトラの機知と美貌に魅せられた。すぐに寝室で同盟が結ばれた。本物の夫婦となるにはプトレマイオス一三世は幼すぎたから、クレオパトラは処女だったに違いない。それはともかく、意欲も能力もある女性だった。カエサルは有名な女たらしだったが、クレオパトラにはカエサルを堪能させるだけの魅力があったようだ。

翌朝、プトレマイオス一三世は、姉がローマの司令官といちゃついているのを目撃した。少年王が冠を地面に叩きつけて、「ずるいぞ！」と泣いたというのは有名だ。プトレマイオス一三世はすぐに命を落とす。カエサルが、軍事上の助言と見せかけて、エジプトの民を率いて戦をするようにプトレマイオス一三世を挑発したのだ。その日遅く、少年王の遺体はナイル川の川底で発見された。黄金の重い鎧のせいで水底に沈んだのだった。

クレオパトラは女王に復位し、カエサルはローマに帰還した。カエサルは置きみやげを残していった。クレオパトラとの間にもうけた息子、カエサリオン（小さなカエサルという意味）だ。カエサルはすでに結婚していたので、ひとり息子を正式に認知することはできなかったが、四年後、クレオパトラとカエサリオンをローマへ招待した。当時カエサルは、クレオパトラの遠い祖先にあたるアレクサンドロス大王のように世界のほぼ全域を征服していた。ふたりの愛は再燃し、ローマの人々を憤慨させた。カエサルはクレオパトラをかたどったヴィーナス像まで建てたが、みなそっぽを向いた。カエサルはいずれ皇帝を名乗り、クレオパトラと結婚して西と東が交わる帝国を築くつもりなのだ、と多くの者が考えた。

紀元前四四年、呪われた三月一五日にすべては終わった。カエサルの遺書にカエサリオンの名はなく、後継者に指名されていたのは、姪の息子にあたるガイウス・ユリウス・カエサル・オクタウィアヌス（単にオクタウィアヌスとして知られる）だった。まもなくオクタウィアヌスと、カエサルの右腕だった武将マルクス・アントニウスの間で内乱が勃発する。

クレオパトラは息子を連れてエジプトに逃げ帰ったが、すぐにローマから追手がやってきた。したたかな女王は歴史を繰り返すことにした。今度のお相手はアントニウスだった。アントニウスと同盟を結べば、ふたりの連合軍でオクタウィアヌスを破り、世界を征服することも夢ではない。そして、成長したあかつきにはカエサリオンが帝国の後継者になる。

アントニウスは、クレオパトラの父親に似て酒と音楽を好む享楽主義者で、カエサルのように年長で、女王にとって御しやすい相手だった。クレオパトラは自分の船で宴を催し、女神のように着飾ってアントニウスを出迎えた。エジプトの民たちは、アフロディテとディオニュソスの婚礼だとささやいた。アフロディテはめくるめく官能の世界でディオニュソスを魅了した。床にはバラの花びらが敷きつめられ、最高級のワインと食事がふるまわれ、客人たちは刺繍がほどこされた長椅子に寝そべりながら、宝石が散りばめられた黄金の皿に盛られた料理に舌鼓を打った。宴のしめくくりに、クレオパトラは高価な真珠をゴブレットに注いだ酢に溶かして飲み干したという。こうした大がかりなショーを演出して、エジプトにはありあまるほどの富があり、クレオパトラに従えば、すべてがアントニウスのものになるのだとアピールした。

アントニウスとクレオパトラ――このカップルは互いの最悪の面を引き出した。アントニウスに導かれて、クレオパトラは、饗宴と賭博に明け暮れる「真似のできない生活の会」の仲間入りを果たした。クレオパトラは、アントニウスの寛大で義理に厚い人柄を利用した。アントニウスは、エジプトにローマのものだった領土を与えたが、そのためにローマから孤立してしまった。また、クレオパトラと結婚すると約束して身重の妻を離縁したが、運の悪いことに、アントニウスの妻はオクタウィアヌスの姉だった――これは賢明な行動とはいえない。プルタルコスは、アントニウスは「酒に飲まれ、女にも骨抜きにされた」、「クレオパトラは媚薬でアントニウスを思いのままにしたのだ」と記している。プルタルコスの言葉は、真実以上にクレオパトラの魅力を言い表している。

自分たちの王朝を開くために、クレオパトラはアントニウスとの間に三人の子を産んだ。アントニウスはカエサリオンをカエサルの子と認知したが、それによって、カエサルの後継者であるオクタウィアヌスの正統性にケチがついた。オクタウィアヌスがアントニウスとクレオパトラに宣戦布告したのも無理はない。運命は甘くなかった。数年がかりではあったが、ローマ軍はアントニウス・クレオパトラ連合軍を撃破した。味方の軍勢は、沈みかけた船から逃げ出すネズミたちのようにふたりを見捨てた。

クレオパトラとアントニウスはアレクサンドリアで追い詰められ、最悪の結果を待つだけになってしまった。アントニウスは、オクタウィアヌスに生け捕りにされないために自刃した。ある伝説によると、アントニウスが自刃した夜、奇妙な角笛の音がこだまして消えたという——ディオニュソスが自分の分身を見限ったのだろう。クレオパトラはもっと優美な死に方を選んだ。二匹の毒へビがひそむイチジクのかごをこっそり自室に運びこませた。

クレオパトラの死によって、エジプトの王朝は滅んだ。カエサリオンは母の後を継げるほど長生きできなかった。カエサルはふたりもいらないと考えたオクタウィアヌスによって暗殺されたのだった。

◉教訓

盟友の選択は慎重に。さもないと、わが身を毒へビに咬ませる羽目になる。

23 焼死 王皇后

王皇后《おうこうごう》については、生まれ、結婚、死以外のことはほとんど何も知られていない。名前さえ、歴史の中に埋もれてしまった。それでも、ここに紹介するあらましから、どのような性格だったのかはうかがえる。非常に芯が強い少女だった。

後に王皇后となる女性は、紀元前八年に生まれた。父王莽《おうもう》は大司馬（軍の司令官）で、たいへんな野心家だったが、儒者のような生活を送り、偽りの姿で巧みに人望を集めた。また、自分が耕した土地は自分のものにしてよいと約束をして貧しい民衆から支持を取りつけ、国の混乱に乗じて宰衡《さいこう》となった。さらに支配を強固にするために、四歳の娘をわずか三歳の平帝《へいてい》に嫁がせた。自分の計画が、おむつがはずれたばかりの皇后にいずれ悲劇をもたらすことになるとは夢にも思っていなかった。

王皇后は、一二の誕生日を迎えるころには未亡人になっていた。平帝が期待していたほど従順

ではなかったので、王莽に毒殺されたというのが定説だ。王莽は権力をつなぎとめるためにまたしても娘を利用した。次の王氏の夫は、はるかに操りやすい二歳の皇太子だった。父の行ないへの不満のあらわれとして、王氏は、公式の場に姿を見せることを拒み、最初の夫に忠節をつくした。平帝を心から愛し、その死を悼んでいるようだった。

数年後、反乱が起きて王莽は失脚する。王氏は、いずれの側に立つにせよ、自分に救いがないことに変わりはないと悟った。そして、民衆たちにより宮殿に火が放たれたとき、ついに父親の人形として生きることをやめ、炎の中に自ら飛びこんだ。

◉教訓

他人の野望の食いものになるべからず。

第1章のおさらいクイズ

1　聖書の時代、なぜアタルヤは危険人物だったのか？

A　母親のイゼベルがストリップ界の女王だったから。

B　アタルヤは殺人鬼だった。アタルヤに殺された者たちの血で紅海も赤く染まった。

C　アタルヤが作るマツァボールスープはいまいち美味しくなかったから。

D「アタルヤ」という名前が発音しづらかったから。

2　オリュンピアスについて間違っているのは、次のうちどれ？

A　ディオニュソスとヘビが大好きだった。

B　息子アレクサンドロスを、マケドニア帝国はじまって以来の逸材だと考えていた。

C　夫のフィリッポスにもっと妻を娶るように勧めた。一夫多妻制は楽しいから！

D　オリバー・ストーン監督の超大作映画『アレキサンダー』でオリュンピアスを演じているのはアンジェリーナ・ジョリーだ。

3　なぜアマストリスは何度も結婚したのか？

A　ご祝儀が欲しかった。

B　婚前交渉はごめんだった。

C　優秀な離婚弁護士がついていたので、扶養手当ががっぽり取れた。

D　もちろん、生き延びるため！

4　クレオパトラとその姉妹ベレニケとアルシノエについて、正解はどれ？

A　みんなが仲の良い大家族だった。

B　王冠のサイズが同じだった。

C　エジプトの王位を狙って互いに陰謀をめぐらした。

D　みんなでアントニウスといちゃついていたところを捕まった。

5　なぜ、王皇后は悲劇的な最期を遂げたのか？

A　マッチで火遊びするのが好きだったから。

B　王皇后の父親が、娘への愛情より野心を優先させたから。

C　わが身の安全より、忠節を重んじたから。

D　自分の名前を忘れてしまったから。

◉解答

1　B。AとDも完全に不正解とはいえないが、文句なしの正解はB。

2　C。オリュンピアスは、アレクサンドロスのライバルを少しでも減らすために、フィリッポスのほかの妻や子どもたちを殺害した。映画のアンジェリーナ・ジョリーは、トランシルヴァニアなまりとヘビとのたくさんの絡みを披露している。

3　D。

4　C。生き延びて、まともに王冠をかぶることができたのは、クレオパトラだけだった。

5　B。Cも間違いとはいえないが、実際のところ父親の野心によって窮地に追いこまれた。

第2章

暗黒時代のダンス

お互いをあざむこうとしてこれほど成功するなんて、悲しいことね。

——女帝イレーネ

クレオパトラは毒ヘビに胸を咬ませて息絶えた。悪名高い治世をしめくくるにふさわしいその最期は、当時のマスコミの注目を呼んだ。歴史家たちは創作意欲をかきたてられ、彼らが書いたクレオパトラの物語は西洋世界に広まり（これぞ元祖セレブ報道）、次世代の女王たちを奮い立たせた。彼女たちは、良くも悪くもクレオパトラの教訓から学び、自分の運命は自分の手でつかむと決意した。粗野で、たくましくて、したたかな女王たちだった。それだけではない、自ら軍隊を率いて戦った。

武人女王の時代は古代末期から中世初期の暗黒時代まで続いた。武人女王の中で、「クレオパトラ効果」を意識していたひとりが、三世紀にパルミラ帝国を支配したゼノビアだ。官能的な美貌と知性を誇った女王は——記録から推測するに、美人料理研究家ナイジェラ・ローソンに「勇気」のスパイスをめいっぱい効かせた感じの女性ではなかったか——母親がエジプト人だったことから、自分にはクレオパトラの血が流れていると自負していた。ただしゼノビアはクレオパトラと違って、戦争を引き起こした後も生き延びて物語を語り伝えた。悲しいかな、ゼノビアの二世紀前に生まれたブーディカ、そしてブーディカより五世紀後に生まれたブルンヒルドは、ゼノビアとは異なる運命をたどった。ふたりとも意志が強く、カリスマ性のある女王だったが、遺恨戦争に巻きこまれて最後は身を滅ぼした。

戦場で死ぬだけでも十分ひどい。だが、暗黒時代の六世紀初頭には、女性にあまり優しくないサリカ法が新たに施行され、そのおかげで、ヨーロッパの女王たちの人生は厄介なことになった。

サリカ法の精神がヨーロッパ中に波及するにはまだしばらく時間がかかるものの、サリカ法によって、多くの場合、王家の女性には土地の相続権、ひいては王位継承権が認められなくなった。こうしてサリカ法は、その後何世紀も王の政策に影響を与えるようになり、力と富を守るという名目のもとに数々の不幸な夫婦が生まれた。その後、ヴィクトリア女王の統治がイギリスに輝かしい栄光をもたらすまで、サリカ法は、さまざまに姿を変えながらヨーロッパの法廷に残った。

60

暗殺または不審死

ブーディカ

映画『ブレイブ・ハート』の主人公ウィリアム・ウォレスが、顔を青く塗った兵士たちを率いて戦いに挑んだときより一〇〇〇年以上も前に、ひとりの勇者が白く輝くイングランドの海岸で、自由を求めて戦った――その名を女王ブーディカという。ブーディカの盛衰の物語を下敷きにして、さまざまな伝説や話題の映画が作られている。

甲冑《かっちゅう》をつける前のブーディカ女王についてはほとんど何も知られていない。紀元三〇年ごろ、王族の家に生まれ、現在はイングランドのイースト・アングリアと呼ばれる地域をおさめていたケルト人イケニ族の王、プラスタグスに嫁いだ。歴史家のディオ・カッシウスが描写する女王の姿はおよそ人間離れしている。ディオ・カッシウスによれば、女王は女戦士アマゾーンのようにたくましく、炎のような赤い長い髪をしていたという。ブーディカの夫、プラスタグス王は裕福で現実的な男だった。サルの毛づくろいではないが、「あんたが俺の背中を掻いてくれるなら、

お礼にあんたの背中を掻こう」方式で、ローマにへりくだり国をおさめた。当時、ブリテン島はローマの支配下にあり、ローマ皇帝の言う通りに貢物をしない者には苛酷な運命が待っていた。

みんなごきげんだった。友愛をたたえる歌「クンバヤ」でも合唱していたかもしれない。しかし、六〇年に王が亡くなると、この平和な均衡状態に終止符が打たれた。

王とブーディカの間にはふたりの娘がいた。娘たちの名は今では忘れ去られている。王の遺書によれば、王の領土は三つに分割され、ふたつは娘たちに、ひとつはローマの皇帝に譲られ、ブーディカが摂政となって娘たちを助ける予定だった。プラスタグス王は、こうすればローマも分け前をもらえたことに満足して、娘たちに手出しはすまいと考えたのだ。だが、ローマは貪欲にもすべてを没収した。

名言録

高貴な血をひく女としてではなく、ひとりの人間として、奪われた自由のために、鞭打たれた体のために、そして娘たちの汚された純潔のために、私は戦っている。これが女のやり方だ。男たちは命を惜しんで、奴隷になるのだろう。　――ブーディカ

ブーディカは黙って泣き寝入りする女ではなかった。恐るべきことに、ローマの長官らのもとへ駆けつけて抗議した。だが、お返しとしてブーディカは鞭打たれ、ふたりの娘はレイプされて貴い純潔を奪われた。しかも、それは軽い前菜にすぎなかった。ローマはさらに、イケニ族の残りの土地もすべて自分のものだと主張した。

だが、ブーディカはすごすごと引きさがりはしなかった。それどころか剣を取り、一〇万にの

ぼる兵をしたがえ、ローマのやつらに目に物見せてやると言って出発した。

ブーディカが最初に攻撃したのは現在のコルチェスター、当時カムロドゥヌムと呼ばれていたローマの植民市だった。ブーディカ軍はカムロドゥヌムを徹底的に破壊した。後の時代の考古学者たちは、そのときに堆積した赤色層から女王が町を破壊した年を割り出した。次の標的はロンディニウム（現在のロンドン）だった。ロンディニウムでは、ブーディカの怒りはローマ人の貴婦人にまでおよび、貴婦人たちは裸にされたうえ長い杭にくし刺しにされた。ウェルラミウム（現在のセント・オールバンズ）も同様の運命をたどった。後にディオ・カッシウスは、「ローマ人に対するすべての破壊行為はたったひとりの女性によるものだった。この事実だけでもローマ人にとっては耐えがたい恥辱だ」と嘆いている。

しかし、三つの都市を廃墟にしてもなお、ブーディカの怒りはおさまらなかった。勢いづいた女王は最後にウェスト・ミッドランズ州のどこかで戦いを挑んだ。今度はローマ軍は巧妙に立ち回り、V字編隊を組んでブーディカ軍を追い詰めた。女王はこの戦場で、八万の自軍の兵士とともに自害したと考えられている。

ブーディカの敗北から十数世紀を経て、そのはるか遠い継承者であるヴィクトリア女王は、同じ意味の名を持つ——「ブーディカ」は古ウェールズ語で「勝利《ヴィクトリアス》」を意味する——女王の存在に勇気づけられた。ヴィクトリア朝の桂冠詩人テニスンは、ケルト人の勇猛な女王に詩心を刺激され、次のような詩を書いた。

そこで女王ブーディカは、チャリオットの上にすっくと立ち、手にした矢を振り回し、雌獅子のごとき眼をぎょろりと回し、ふたりの娘を両脇にしたがえ、荒々しくもえんえんとまくしたてた。

◉**教訓**

退路は確保しておくべし。

274

廃位
ゼノビア

パルミラの女王ゼノビアも、ブーディカと同じく、ローマに支配される屈辱に甘んじるより、民を率いて戦う道を選んだ。ゼノビアが活躍したのは、ブーディカが不幸な最期を遂げてからおよそ二〇〇年後だ。武勇を誇った女王の悲劇を教訓にしたのかもしれない。ブーディカより幸せな最期を迎えることができた。

ゼノビアは、官能的な美貌と鋭い知性で名高く、騎馬術にも秀でていた。アラブ人の血をひいていたが、母親がエジプト人だったのでクレオパトラの後継者を自称し、母に教わったエジプト語を流暢に話した。やがてパルミラの王オダエナトゥスと結婚して王妃になった。現在シリアに位置するパルミラは通商都市として繁栄し、パルミラ帝国建設の原動力として強大なローマ帝国から分離した。ゼノビアは狩りの腕前では夫にひけを取らず、女神ディアナを気取って子作り以外の目的で夫と寝ることを拒んだ。

二六七年、オダエナトゥスが暗殺されると、ゼノビアは夫の死を足がかりに権力を手に入れた――幼い息子ウァバッラトゥスの摂政となってパルミラ帝国の国政を担うことにしたのだ。力と領土を貪欲に求める女王は、エジプト、シリア、さらにその先の地域まで意欲的に侵略して征服し、パルミラの領土を大々的に拡大した結果、ローマ帝国の神経を逆なでしてしまった。事態に気づいたローマはふたたびパルミラを傘下におさめることにした。

ゼノビアには、ローマの支配下にくだる気は毛頭なかった。ローマ軍を前にすればパルミラ軍など、タカに襲われたハトのようにひとたまりもないという神託がおりたにもかかわらず、頑なに退却を拒んだ。ゼノビアは自ら馬にまたがり軍を率いた。長く美しい漆黒の髪を風になびかせて、ゼノビアはひた走った……破滅への道を。

パルミラはローマに占領された。降伏を拒否した人々は処刑され、女王と残党たちは裁判にかけられた。

つねにしたたかなゼノビアは、豊かなまつ毛に縁取られた瞳をしきりにしばたかせ、自分は側近たちに惑わされただけで、戦いを挑む気は毛頭なかったと弁解した。ローマ皇帝アウレリウスはそんな言葉など信じなかったが、ゼノビアを殺すより生かしておいたほうが得策だと考えた。女王は、ローマの勝利のしるしとして、シリアではラクダにつながれ、ローマでは輝く宝石が下がった黄金の鎖を美しい体に巻きつけ、馬車で凱旋するアウレリウス帝の前を歩かされた。

三世紀ごろに書かれた、信憑性の乏しい『ヒストリア・アウグスタ』というローマ皇帝の伝記集には、ゼノビアはこうした辱めを受けた後で、祖先のクレオパトラにならって自殺したとある。ローマへ連れてこられる途中で病死したという説もある。しかし、最も信用できる説では、せいぜい自尊心に傷がついた程度であったらしく、ナイルの女王とは違い、王位を失っても生きる道を選んだということだ。

それによるとゼノビアは、その後なんとも平凡な人生を送ったという。アウレリウス帝に許され、残念賞としてティボリの別荘をもらうと、「長いものには巻かれろ」ということわざを文字通り実践した。ローマ人の元老院議員と再婚して、優雅きわまりない余生を送り、やがて哲学者として、また社交界の花形として名声を得た。

ゼノビアの最期についてては何もわかっていない。おそらく天寿をまっとうして、愛する人たちに見守られながら安らかな眠りについたのだろう。映画『タイタニック』の老婦人のように。

◉教訓

王冠を抱えて死ぬよりも手放して生きるほうがよい。

528

溺死

胡太后

矛盾に満ちた胡太后《こたいごう》の生涯は、聞く者を混乱させる。皇帝の妃として、命を賭けて後継ぎを産んだが、後にその息子を自ら進んで殺めた。自分を敬虔な仏教徒と考えていたが、気に入らない者は良心の呵責もなく始末した。ある話によれば、ライバルの女性を抹殺するために、自らが放った暗殺者の待つ尼寺へ無理やり入れたという。

胡氏の血にまみれた出世物語の舞台は六世紀初頭の中国（北魏）だ。最初から、胡氏はかわいいばかりがとりえの娘ではなかった。女については目の肥えていた宣武帝《せんぶてい》を美貌と聡明さで惹きつけて、妃に取りたてられた。当時の宮廷には、後に勢力争いに発展するのを恐れ、皇太子を産んだ妃を処刑する伝統があった。

だが、胡氏は伝統にたてついた。宣武帝の子を身ごもったと知ると、堕胎するように勧める人々の忠告も聞かず、それどころか宣武帝の後継ぎを産むことは、自分の命よりはるかに重要だと、わが身の危険もかえりみずに力説した。

胡氏は大きな賭けに勝った。元詡《げんく》（後の孝明帝《こうめいてい》）という息子が生まれたが、宣武帝は胡氏の命を助けてくれた。危険をかえりみずに皇帝の遺伝子を後世に残そうとした胡氏の演技に心打たれたのだろう。しかし五年後、宣武帝が急死して五歳の孝明帝が即位し、胡氏が皇太后となって息子の代わりに政治を行なうようになると、多くの者が恐れていた通り権力争いがはじまった。

摂政となった胡太后の政治は支離滅裂だった。並はずれて寛大で進歩的な面もあれば、底抜けに残酷な面もあった。役人のよからぬ行ないについて、民衆が自由に不満を訴えられる役所を地方に設けたり、金に糸目をつけずに壮麗な寺院を建立したりもした。その一方、すぐにかっとなって、つまらない違反に死刑を命じることも珍しくなかった。

子どもは必ず大きくなる。胡太后の息子も例外ではない。一五歳になった孝明帝は、母親を摂政職から解任した。胡氏はこれを不満に思い、自分の言いなりになりそうな役人たちを使って孝明帝の統治を妨害した。母親の力を弱めようと、息子は母親の愛人を謀って処

皇太后とは

中国の「皇太后」とは、幼くして擁立された皇帝の母親に与えられる官職名だ。多くの皇太后が、息子が成人するまで国をおさめた。中には強大な権力を手放すのが惜しくなり、政情不安を招いた者たちもあった。その代表が西太后だ。西太后は政治的手腕に非常に長けていたため、20世紀初頭の中国を40年間も支配することができた。息子の嫁たちをいびって服従させるだけで満足する女たちもいた――これぞ正真正銘の鬼姑である。

刑するが、返り討ちにあい毒殺されてしまった。

しかし、皇帝を暗殺したのはやりすぎだった。胡氏をとくに熱心に支持していた臣下たちの心も離れてしまった。命だけはと尼寺に逃げこみ、髪を剃って尼になったが、敵は胡氏を逃がさなかった。そして、もう何もできないように、究極の罰を与えた。

五二八年、胡氏は黄河で溺死させられた。命を賭けて息子を産んでからおよそ二〇年の歳月が流れていた。死者に鞭打つかのように、胡氏には霊太后という名誉と呼べない称号が与えられた。霊太后とは、「不注意な皇太后」という意味だ。

◉教訓

権力を守るには、行動に一貫性を持たせることが大切だ。

535

絞殺
アマラスンタ

イタリア中部トスカーナ州の風光明媚な一角に抱かれるように、カルデラ式の湖、ボルセーナ湖はある。広い湖には島が点在し、水深一五〇メートルの澄んだ水が満々とたたえられている。ボルセーナ湖にまつわる数々の伝説は、深い湖の色に負けず劣らず暗い。そのひとつが四世紀の殉教者クリスティーナの物語だ。クリスティーナは、聖人が列福されるときに避けて通れない、創意工夫に富んだ数々の拷問を受けたあげく、最後は首に重い石をくくりつけられて湖に投げこまれた。すると、たちまち天使がクリスティーナを抱きかかえて水面に浮かび上がったという。

それから二世紀後、東ゴート王国の女王アマラスンタは、ボルセーナ湖の岸から離れた島に幽閉された。しかし残念なことに、ある春の朝、沐浴中の女王の首を何者かが絞めたときには、女王の命を救ってくれる天からの使者は現れなかった。

それは、好戦的なゴート人の国に、ローマ式文化を取り入れて人々を啓蒙しようと試みたほか

は、取りたてて罪といった罪もない為政者を襲った残酷な最期だった。アマラスンタは暗黒時代を覆っていた反知性主義の犠牲者と言える。

アマラスンタは東ゴート王国テオドリック大王と、フランク族の姫アウドフレダの間に生まれた一粒種だった。受けた教育は超一流だったようで当時、東西ローマ帝国の文化が融合して見事な花を咲かせていたラヴェンナで学び、ラテン語とイタリア語を母国語並みに話した。教養の高さばかりか、政治に対する鋭い洞察力や比類なき美しさでも評判だった。

つまり、インテリ女性に怖じ気づく男性以外の人にとっては、すべてを兼ね備えた完璧な女性だった。お隣りスペインの西ゴート族の名門の出であるエウタリックに見染められて結婚したが、ふたりの結婚によってゴート族のふたつの政治が結びつけられた。同時代の歴史家ヨルダネスは、エウタリックを「知力と胆力に優れた頑健な肉体の青年」と評している。しかし、エウタリックは結婚してまもなく、妻と息子のアタラリック、娘のマタスエンタを遺して亡くなった。そして時をおかず、五二六年にはアマラスンタの父テオドリック大王も帰らぬ人となった。

頼りになる男たちが相次いで世を去ったため、八歳のアタラリックが王位を継ぎ、息子が一人前になるまでアマラスンタが摂政をつとめることになった。当時の女性であれば、たいていは遺された財産を守るためにおとなしくしておくところだろうが、アマラスンタは違った。摂政という立場を利用して、粗野なゴート人たちに文化と教養を身につけさせようとした。そのための最善の方法とは何だろう？　アマラスンタは、息子のアタラリック王に最高のローマ式教育を授け、王をとおしてゴート人を教化しようと考えた。

ワールドカップ中継が教育番組に突然切り替えられたかのような大ブーイングが起きた。東ゴート王国の民衆が求める王は、お上品ぶった学者先生ではなく、野蛮な雄たけびをあげる戦士だったのだ。アマラスンタの善意は、ゴート族の価値観をないがしろにするものだと批判された。何だかんだ言って、ゴート族がローマ人を征服したのであり、その逆ではなかった。

それにもめげず、アマラスンタは当時最も名声の高かった学者たちを雇い、息子の教育にあたらせた。当のアタラリックは放蕩三昧に明け暮れて、酒におぼれ一六歳で亡くなった。

さすがのアマラスンタも、このままでは自分が危ういと気がついた。ヨルダネスは、アマラスンタが「女性というか弱き性のために、ゴート人たちに蔑まれるのではないかと恐れた」と記している。わが身を守るため、アマラスンタは反対派の三人を暗殺し、トスカーナ地方を領地とするいとこのテオダハドを招いて共同統治を行なおうとした。これがまったくの裏目に出た。数か月後、テオダハドはアマラスンタを王位から追い落とし、トスカーナへ追放した。

アマラスンタの最期はすぐに訪れた。ボルセーナ湖の孤島に幽閉されてからわずか数日後の沐浴中に殺された。何はともあれ、清潔な死体は神聖な死体である。

◉教訓

勉強のしすぎで愚かになってはいけない。

568

絞殺
ガルスウィンタ

むかしむかしあるところに、それは美しいふたりのお姫さまがいました。お父さまはアタラギルド、スペインにあった西ゴート王国の王さまでした。ふたりの名前はたいそう風変わりで、お姉さまはガルスウィンタ、妹はブルンヒルドといいました。姉妹はトレドのきらびやかな宮廷で育てられ、そこでは誰もが、ふたりはいずれすばらしい殿方と結ばれて、いつまでも幸せに暮らすのだと信じていました。姉妹が年ごろになると、お父さまは、ふたりを有力な兄と弟のもとに嫁がせることにしました。血をわけた姉と妹の絆を結婚でさらに強めようとしたのです……。

このときを境に、ふたりの姉妹をめぐるおとぎ話は、思いもよらぬ方向へ進みはじめた。

五六七年、先に結婚したのは妹のブルンヒルドだった。結婚のお相手は、メロヴィング朝フランク王国の北東部（現在のフランス）にあったアウストラシアの王シグベルトだった。アウストラシアのチャーミング王子、もといシグベルトは花嫁の徳の高さ、美しさ、賢さに夢中になり、

メロヴィング朝――ふたり姉妹とふたり兄弟の物語

ふたり姉妹がふたり兄弟と結婚するなんて、シェイクスピア喜劇の大団円みたいでじつに楽しそうだ。しかし、このケースでは、姉ガルスウィンタの場合は直接、そして妹ブルンヒルドの場合は間接的にではあったが、兄弟の愛が姉妹どちらの命も奪う結果になった。

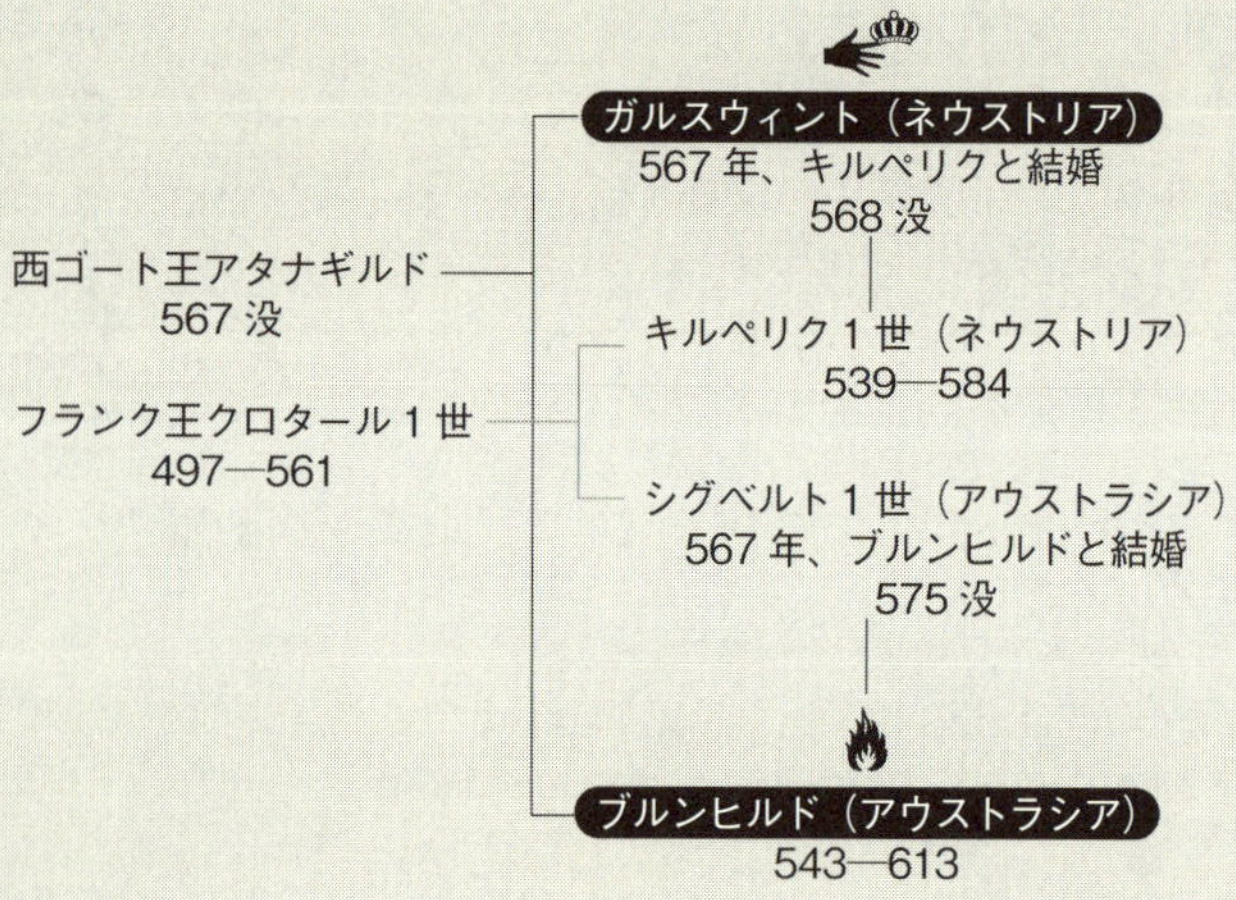

ふたりは熱烈に愛し合うようになった。一方、姉のガルスウィンタは貧乏くじをひいた。彼女の花婿は、フランク王国内にあるアウストラシアの隣国ネウストリアの王で、シグベルトの弟キルペリクだった。

キルペリクは名うての放蕩者で、宮廷の少なからぬ貴婦人と関係を持ち、子どもを産ませていた。近ごろ妾にしたばかりという、元給仕女のフレデグンドとねんごろだという噂もあった。歴史家で聖職者でもあるトゥールのグレゴリウスは、キルペリクを「ネロとヘロデの再来」と評した。こうした数々のはかばかしくない前兆にもかかわらず、ガルスウィンタの父アタラギルド王は、西ゴート王国に対するフランク王国のいっそうの支援を期待して娘を嫁がせることにした。王はキルペリクに、娘の目の届くところでは行ないを慎しむように頼んで良心の呵責をなだめた。

ガルスウィンタとキルペリクはルーアンで結婚した。当初はガルスウィンタも王妃として丁重な扱いを受けた――キルペリクは花嫁が持参した財宝に有頂天だったからだ。しかし、お祭り気分は長続きしなかった。フレデグンドが王の寝台にふたたびもぐり込み、あらゆる機会をとらえて新参の王妃に嫌がらせをするようになった。かわいそうに、ガルスウィンタは、持参した財宝はいらないからトレドへ帰してくれと哀願したが、キルペリクは首を縦に振らなかった。

婚礼の一年後、寝台の中で冷たくなっているガルスウィンタが発見された。フレデグンドにそそのかされたキルペリクが、下男に命じて王妃を絞め殺させたのだった。王は偽りの涙をこぼしてみせたが、王妃への仕打ちを知らない者はなかった。おまけに共犯者と誰はばかることなくいちゃついてみせたので、疑惑はますます深まった。

数日後、葬儀に出された肉が、婚礼の卓にふたたび並べられた――キルペリク王はフレデグンドと結婚し、フレデグンドをネウストリアの王妃とした。

◉**教訓**
下衆《げす》は死んでも治らない。

613

焼死
ブルンヒルド

姉妹の絆は死にも勝る。まさにこれを地で行ったのが、アウストラシアのブルンヒルドだ。

五六八年、姉のガルスウィントが殺害された後、ブルンヒルドは、チャーミング王の妻から一転して使命にとりつかれた独裁者になった――その使命とは、復讐である。復讐を成遂するために、王妃は自国アウストラシアとネウストリアの四〇年におよぶ戦いを引き起こした。

いったいどうして、王妃が他家の家庭内暴力に軍事介入するなどということができたのだろうか？　皮肉にも、鍵を握っていたのはブルンヒルドの幸せな結婚生活だった。フレデグンドのささやきがキルペリクを妻殺しに走らせたように、ブルンヒルドにとって夫を意のままに操ることはたやすいことだった。そもそもシグベルト王は、弟をあまり好きではなかった。メロヴィング家のほかの者たちもキルペリクを嫌っていたので、みんなは一丸となって一家の面汚し、人殺しのキルペリクを退位させた。これにて一見落着かと思われたが、ブルンヒルドにとって無念きわまりないことに、キルペリクはすぐに王座に返り咲いた。

よくできた童話には必ず邪悪な女王が登場する。キルペリクの妻となったフレデグンドはその典型だった。争いがエスカレートするにつれ、平時のときのように戦争でも、あくどい本性をむきだしにした。あるときなど、ブルンヒルドを暗殺しようと送りこんだ聖職者が失敗して帰ってきたので、罰として手足を切り落とした。

五七五年、戦いのさなかシグベルト王が命を落とす。フレデグンドの命を受けたふたりの男に毒を塗った剣で襲われたのだ。ブルンヒルドはルーアンに監禁された。すべてが終わったかと思えたそのとき、キルペリクの大勢いる息子たちの中で、色好みの男が好奇心に駆られてブルンヒルドを見にルーアンを訪れた。ブルンヒルドの容色は衰えていなかった。キルペリクの息子はブルンヒルドと結婚し、床をともにした。禁じられた結婚――ブルンヒルドは叔父の未亡人――が教会によって無効とされる前に、ブルンヒルドはキルペリクの息子の手を借りて逃亡した。

ブルンヒルドはふたたび自由の身となり、望んでいたことを実行した。戦争を続行したのだ。数十年の歳月が流れ、さらに多くの王族が命を落とした。五八四年、すべての元凶だったキルペリクが刺殺され、フレデグンドがまんまと実権を握る。その後、五九七年にはフレデグンドも亡くなった。病死といわれている。母に代わって実権を握ったフレデグンドの息子クロタールは、親にそっくりだった。そのころには、かつてはあったかもしれないブルンヒルドの人望もすっかり消えていた。もはや世間では、ブルンヒルドの姉が殺されたことは忘れ去られ、おびただしい血が流されたという結果だけが記憶されていた。
ついに、あの世のフレデグンドが仇敵に勝利をおさめた。アウストラシア軍とネウストリア軍が同盟を結び、ブルンヒルドを倒したのだ。敗れた女王の処刑を手配したのは、クロタール二世だった。母親のフレデグンドが存命であったなら、誇らしさに涙を流しただろう。ブルンヒルドは三日にわたり拷問を受けた後でラクダに乗せられ、全軍が行進する前でさらしものにされた。それから野生の馬に手足を鎖でつながれて八つ裂きにされ、亡骸はたき火に投げこまれた。
こうしてブルンヒルドの魂は天に召された。どうか、天国で姉と再会し、貫き通した姉妹愛にハイタッチが交わせますように。

死に方いろいろ　《引き回しと八つ裂き》

ブルンヒルドのケースは不幸な例外だ。通常、女性や王族が引き回しや八つ裂きで処刑されることはなかった。これは、複数の反逆罪に問われた平民に適用される処刑法だった。貴族には、斬首のように素早く死ねる名誉が許されていた。暗黒時代、引き回しと八つ裂きによる処刑は、イングランドとその植民地で頻繁に行なわれた。

引き回しと八つ裂きの死は、その言葉の響き通りに恐ろしい。死刑囚は、馬によってではなく、剣で四肢を切り離される前に自ら首をつって絶命している場合が多かった――より速く、楽に、死神に迎えに来てもらうほうがよいからだ。

◉教訓

自分の首が大事なら、優勢なときに手を引くべし。

803

廃位
ビザンツ帝国のイレーネ

ビザンツ帝国の女帝イレーネは、時代の先を行く女だった。権力を手に入れるために、戦争ではなく、シンボルとイメージを使った斬新な戦いを行なった。それは、高級ブティックが立ち並ぶ現代のマディソン街で繰り広げられている戦いとまったく変わりない。しかし、イレーネの戦略は、一時的には民衆の人気を集めたが、最終的には女帝が裸の王さまだということを露呈した。

イレーネの生い立ちには、後にビザンツ帝国初の女性支配者になることを予感させるような、貪欲そうなエピソードはない。七五二年にギリシアの貴族の家庭に生まれ、親を亡くしてひっそりと一生を送るはずが、ビザンツ帝国皇帝レオ四世に美貌を見染められて七六九年に妃になったという。二年後、イレーネは皇后としてのつとめを立派に果たし、後継ぎとなる息子コンスタンティヌスを産んだ。しかし、ふたりの結婚生活は暗礁に乗り上げてしまった。イレーネは東方正教会が禁止する聖像《イコン》愛好者だったのだ。レオ四世は、妻が隠していた聖像を発見してから夫婦関

係を絶った。肉体の快楽を得る喜びより、地獄の業火に焼かれる恐怖のほうが強かったのだ。

しかし、イレーネはひそかな野望を胸に抱き続けた。七八〇年、レオ四世が思いがけず亡くなり、イレーヌに野望を実現するチャンスがめぐってくる。皇帝は、自分でかぶろうと思ってハギアソフィア大聖堂から聖冠を持ちだしたのだが、残念なことに、宝石を埋めこんだ重い冠で額がこすれて水ぶくれができ、感染症を起こしてしまったのだ。レオ四世の死後、イレーネはその王冠に真珠の飾りをつけ加えて、クリスマスのミサの装飾にするようにと教会に返した。また、国をおさめるには幼すぎる一〇歳のコンスタンティヌスの摂政になった。

こうして実権を手にしたイレーネは聖像崇拝を復活させた。民衆は大喜びだった。さらに人気取りのために減税を行なったので、国庫は赤字になった。イレーネは、赤字解消のために自分の肖像を刻んだ硬貨を鋳造してばらまいた。

偶像崇拝

8世紀から9世紀にかけて、ビザンツ帝国では聖像崇拝に関する議論が盛んだった。聖像破壊者は、聖像は、偶像崇拝を禁止する十戒のおきてに違反すると考えていた。聖像愛好者は、聖像は、神について黙想するための有用な道具であり、イエスが体現したように、神に肉体があることを表現するものだと考えていた。754年、教会は「それ自体には価値のない、絵具で生気のない絵を描き聖人の姿を表そうとする者や、自分の徳を日々の行動で示そうとしない者は破門に処する！」と定めた（教会は聖像崇拝を無益な、悪魔に吹きまれた行ないと考えたからだ）。だがそれにもかかわらず、人々は——イレーネのように——ひそかに聖像を崇拝した。

息子の姿を刻んだ硬貨もあったが、「皇帝《バシレウス》」の印である笏《しやく》を手にしているのはイレーネだった。

息子コンスタンティヌスが成人したとき、女帝が権力を手放したがらなかったのは当然のなりゆきだった。七九〇年、コンスタンティヌス帝はイレーネを退位させたが、為政者としては無能だった。七年後、イレーネは権力の座に返り咲き、息子を投獄してその目をつぶした。有無を言わさず暗殺するより、多少は慈悲ある行ないと言えるだろう。

だが、イレーネの天下もそう長くなかった。八〇二年、イレーネは財務大臣によって廃位され、レスボス島に島流しにされた。かつての女帝はレスボス島で羊毛を紡ぎながら余生を送ったという。

◉教訓

実を伴うスタイルを確立すべし。

その後のお話

イレーネの犯した悪事にもかかわらず、東方正教会は、イレーネが聖像崇拝復活を推し進めるために行なったすべてを帳消しにすることはできなかった。後に、元女帝は聖人として列福され、イメージも回復した。

第２章のおさらいクイズ

1　なぜブーディカはローマ帝国と戦ったのか？

A　ローマ人がいくじなしだということを娘たちにわからせたかったから。

B　ローマ人観光客のために両替するのが面倒になったから。

C　ローマ人がブーディカの領土と処女の娘たちにちょっかいを出したから。

D　一族の名を世に知らしめる絶好のチャンスだと思ったから。

2　権力の座を守るためには手段を選ばない胡太后だったが、実際にやらなかったことは次のうちどれ？

A　敵に対する陰謀をたくらむ。

B　息子の好物に毒を盛る。

C　息子に愛人を殺されないよう用心する。

D　お気に入りの寺に多額の寄附をする。

3　才女アマラスンタに備わっていた能力は次のどれ？

A　数か国語を流暢に話す能力。

B　ゴート族の文化遺産を評価する感受性。

C　幽閉中の時間を有効に活用する知恵。

D　同時代のすぐれた学者を見極める知識。

4　ブルンヒルドとガルスウィンタに共通していないものは？

A　両親

B　義理の両親

C　幸せな結婚生活

D　淫婦フレデグンドへの遺恨

5　ビザンツ帝国のイレーネが有名になったのは、なぜ？
A　聖像（インテリア好きにはたまらない小さな宗教的装飾物）が大すきだったから。
B　賢母だったから。
C　石油王ロックフェラーにも負けない蓄財能力があったから。
D　自分に変えようがないものを受け入れるとき、冷静だったから。

◉解答
1　C。ローマ人が娘たちを凌辱し、彼女たちが相続するはずだった領土を奪ったため、ブーディカはローマに反旗を翻した。
2　C。息子は母の愛人を殺した。その非道な行ないが母に息子の殺害を決意させた。
3　AとD。
4　C。ブルンヒルドは幸せな結婚生活を送っていたが、ガルスウィントは夫に殺された。
5　A。イレーネが聖像を崇拝しているのを知り、イレーネの夫は妻と寝室をともにすることを拒んだ。

第3章

中世——災厄の時代

女王としても女としても、私はひどく同情されています。一五歳で戴冠だなんて、荷が重すぎるわ。おまけにいちばん下賤な臣民より自由がないのですから。

——ナポリのジョヴァンナ（アレクサンドル・デュマの小説より）

暗黒時代の苦しみの後では、中世後期の女王たちの人生はもっとましになるだろうと思われるかもしれない。ところが、そうはならなかった。今度は十字軍と黒死病（腺ペスト）によって王家の死者は増加した。

高貴な身分の女性たちは、ペストに感染しないように人里離れた聖域を求めた。ボッカッチョの『デカメロン』が描いているのはこうした状況で、『デカメロン』に登場する貴族の紳士淑女たちは、猛威をふるうペストがおさまるまでの時間つぶしに郊外の別荘へ避難していたのだ。とはいえ、緊急放送設備もない時代だったので、遠い同盟国へ向けて旅立った王女が、伝染病の流行地域にうっかり足を踏み入れてしまうことも珍しくなかった。花嫁衣装のベールにくるまれて埋葬された王女もいた。カスティーリャ王ペドロの婚約者だったイングランドのジョーン王女も、そんな不運な犠牲者のひとりだった。女性がか弱い立場にあることは、お産でも明らかだった。中世のプレママたちのほぼ五人にひとりがお産で命を落とした時代だった。

十字軍については、王族の女性が生き延びられる確率は、王族の男性より概して高かった。――通常女性が戦地に赴くことはなかったからだ。それにもかかわらず、エルサレムのシビーユは、第三次十字軍に自ら参加して、自分の命と娘たちの命を無駄に散らした。王たちがシビーユの犠牲に感謝しますように。

こうした宗教戦争のあいだ、どれだけ多くの人が命を落としたのかは明らかでないが、三〇〇〇万近い人々がペストで亡くなったと考えられている。これは、当時のヨーロッパ人口の約半分に相当する。しかし、結婚は多くの女王にとってペストよりもはるかに危険な冒険だった。簡単に離婚ができなかったので、結婚に不満を持つ配偶者や、望まない縁組を解消しようとする出しゃばりの親戚たちによって、殺人が行なわれることは珍しくなかった。メランのゲルトルード、ブランカ・デ・ボルボーン、ナポリのジョヴァンナ、ハンガリーのマーリア。彼女たちの死は、結婚の喜びを味わってみたいと願う人々へのいましめだ。

1126

出産時死亡
カスティーリャのウラカ

一一〇九年、アルフォンソ六世の娘ウラカは、カスティーリャ王国とレオン王国という、かつてスペインに存在した隣接するふたつの王国の女王となった。

ウラカはそれまで世間の荒波とは無縁の人生を送っていた。ごく普通の王女として、結婚や出産にまつわるあれこれでめまぐるしく日々を過ごしていた。幼いころにライムンド・デ・ボルゴーニャと結婚し、一男一女に恵まれたが、一一〇七年に夫が若くして亡くなった。女王になることなど眼中にもなかったが、一一〇八年、たったひとりの弟が戦いで亡くなるとすべてが一転し、未亡人であるウラカが王位後継者になった。まもなく、父親であるアルフォンソ六世がこの世を去る。夜が明けると、誰もがウラカを「女王陛下」と呼ぶようになっていた。

アルフォンソ六世は、この世を去る前に、ウラカともうひとりのアルフォンソ、アラゴンのアルフォンソ一世との婚儀をととのえていた。こちらのアルフォンソは、戦士としての武勇名高い

ことから「戦闘王」と呼ばれていた。問題は、ウラカとアルフォンソ一世の曾祖父が同じだったことだ。そのため教会は「ふたりの血縁関係が近すぎる」とよい顔をしなかった。それにもかかわらずふたりは夫婦になったが、その後のスキャンダルのために結婚生活は危機的状況に陥った。アルフォンソは、家庭でも戦場と同じように腕にものをいわせる男だったのだ。

だが、ウラカは気丈だった。すぐに後継者が生まれなかったので、アルフォンソをお払い箱にした。後継ぎが生まれないのは、恐ろしい家庭内暴力だけが理由ではなかったかもしれない。王は折にふれて「戦いに生きる男には、女ではなく男の仲間が必要だ」とうそぶいていた［アルフォンソ王は同性愛者だったらしい］。

ウラカとアルフォンソの悲惨な結婚は一一一四年に解消された。だが、ふたりの君主は互いに憎悪をくすぶらせ、一触即発の状態が続いていた。アルフォンソが精鋭部隊を率いて元妻の領土の一部をかすめ取ろうとしたのをきっかけに、長い血みどろの戦争がはじまった。ウラカは泣き寝入りする女ではなく、最初の夫との間にもうけた息子と力を合わせて反撃し、勝利をおさめた。

ウラカは、男を愛するときも、戦うときと同じように情熱的だった。ふたたび結婚することはなかったが、大勢の男と浮き名を流した。結局、これがウラカの命取りとなった。この動乱の時代にスペインの広大な領土を支配した女性は、出産で命を落とすというごく平凡な最期を迎えた。この時代を記録した、匿名の者の手による歴史書『ヒストリア・コンポステラーナ』によれば、ウラカは愛人の子を身ごもり、お産中に亡くなったという。

死に方いろいろ　《出産時死亡》

生まれの貴賤にかかわらず、かつて女にとって出産とは、母と子が、思いがけず墓場に引きずりこまれる恐れのある暗い夜道に似ていた。産褥熱は、不衛生な状態が原因で生じる敗血症の一種で、古代ギリシアの医師ヒポクラテスにも記録されているが、産褥熱と細菌の関係が明らかにされたのは 1847 年になってからだった。ウィーンの医師イグナーツ・フィリップ・ゼンメルワイスが、分娩に立ち会う前に手を消毒するようにして以来、母親の死亡率が激減したことに気づいたのだ。その後、この善良なる医師は、「私は、これまでどれだけ多くの女性に早すぎる死をもたらしたことだろう」と告白した。

産褥熱以前に、赤ちゃんが生まれてこないという恐怖もあった。鉗《かん》子《し》が導入されたのは 1700 年代からで、それまでは陣痛の苦しみを何日も味わったあげくに、赤ちゃんが産道から出てこられず亡くなる女性が後を絶たなかった。外科医が無謀に帝王切開を試みる場合もあったが、たいていは母親の命と引き換えに子を救う結果となった。

母子ともに健康な場合でも、無痛分娩用の麻酔などないので痛みに耐えなくてはならなかった。産みの苦しみは、エバがエデンで犯した罪への罰と考えられていた。

亡くなったとき女王は四六歳、かなりの高齢出産と言えよう。一七年にわたる優れた治世の後だった。

◉教訓

出産で、ご破算?!

1190

病死

エルサレムのシビーユ

一方、西半球の別の場所では十字軍がたけなわだった。聖戦の当初の目的は、イスラム教徒に占領されたエルサレムとその周辺地域をキリスト教徒の手に取り戻すことだった。ところが、まもなく十字軍は、欲に目がくらんだ騎士たちの宝探しか、敬虔な信者たちの殉教の舞台となった。ありがたいことに、どちらもしだいに数は減っていったが。

一〇九九年には、第一次十字軍によって、エルサレムはキリスト教徒に奪回されていたが、聖戦のお祭り騒ぎはその後二〇〇年間続いた。新生エルサレム王国は伝統的君主制をとり、骨格だけの王国に肉づけしようと近隣の土地を侵略しはじめた。こうした侵略行為が、隣接するイスラム教の国々に気づかれないわけがなかった。一一八六年、まさにこうした一触即発の状況下でシビーユがエルサレムの女王に即位した。

シビーユは、一一六〇年ごろ、アモーリー一世とアニエス・ド・クルトーネーの間に生まれた。

アモーリー一世は、亡くなった兄の後を継いで一一六二年にエルサレム王となった。おかしなことに、シビーユの母親は、夫との結婚を教会に近親婚とみなされたため王妃になれなかった（アモーリー一世とアニエスの高祖父は同じ人物だった）。アモーリーが王となった後にふたりの結婚は無効とされたが、シビーユとその弟ボードゥアンは嫡出子のままだった。

シビーユは人気抜群の花嫁候補だった。弟のボードゥアンがハンセン病とわかると、人気はさらに沸騰した。シビーユの夫となった者は、シビーユの父と弟が亡くなったあかつきにエルサレムの王になれるからだ。

シビーユの結婚歴は、エリザベス・テイラーの華麗な結婚遍歴を思わせる。何度も婚約し、結婚した。夫に先立たれたこともあれば、結婚を解消したこともあったが、ギー・ド・リュジニャンという人生の伴侶に巡りあい、一一八〇年に結婚した。先の夫との間に生まれた息子ボードゥアン五世に加え、ギーとの間にもふたりの娘が生まれた。

六年後、アモーリー一世とハンセン病を患っていた弟ボードゥアンが帰らぬ人となり、シビーユが女王になった。さまざまな理由から、諸侯はギーが王にふさわしくないと判断し、シビーユに直ちにギーとの結婚を解消するよう迫った。だが、二十代の若さにもかかわらず、新米女王は老獪だった。次の夫は自分で選ぶという条件つきで諸侯の要求を飲み、結婚解消の証書のインクも乾かないうちにギーと再婚した。

こうした結婚をめぐるゴタゴタが繰り広げられている間、怒りに燃えるイスラム教徒たちはエ

シビーユの夫たち

王位継承者だったシビーユは、中世の結婚市場で引く手あまただった。

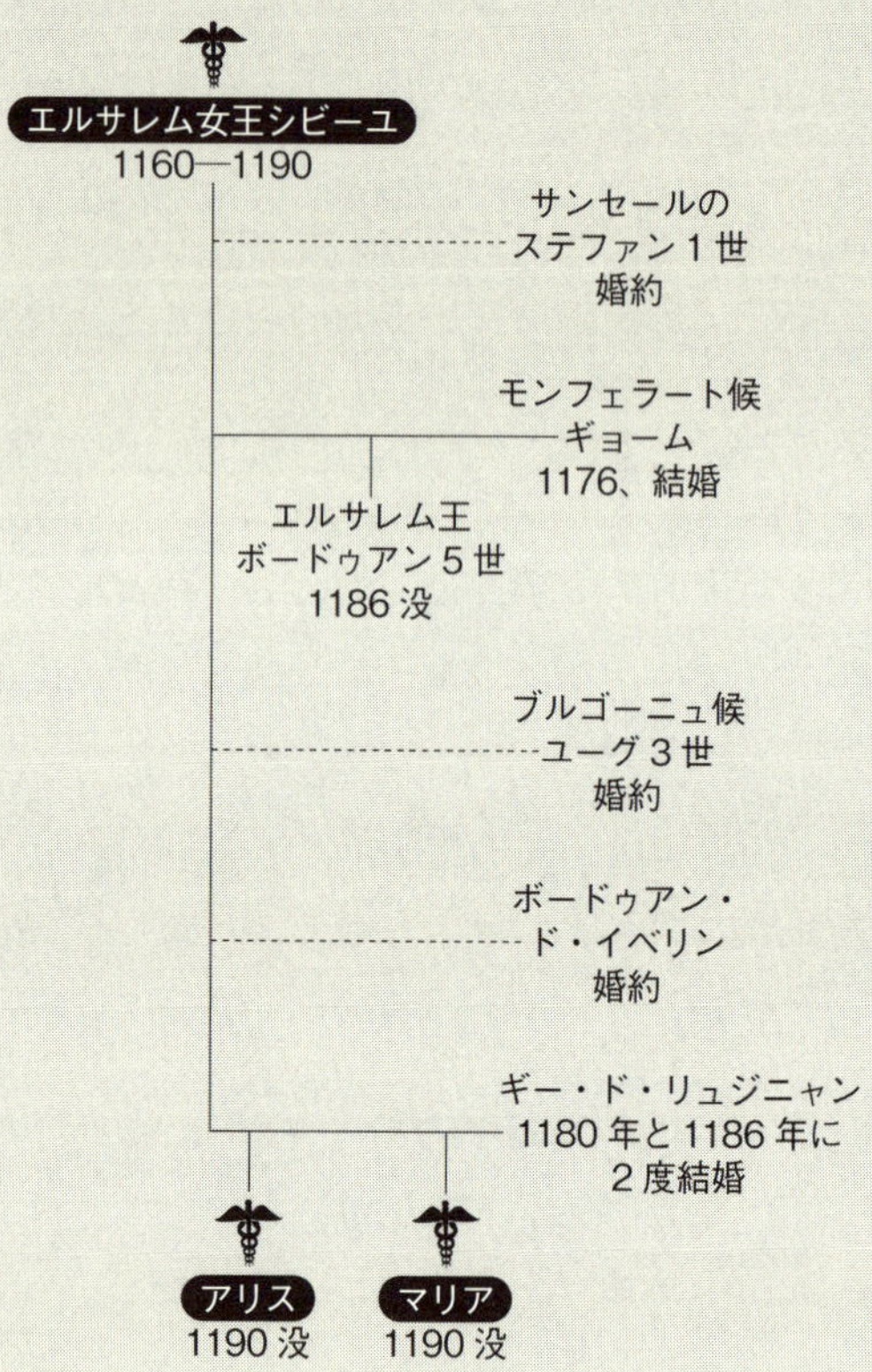

ジプトの君主サラディンのもとに結集していた。シビーユが女王に即位してからわずか一年後、サラディンはエルサレムを侵略し、シビーユとギーを追放した。こうして、第三次十字軍の幕が切って落とされた。

一一九〇年、シビーユは第三次十字軍に従軍中、野営地を襲った流行病にかかって亡くなった。ふたりの幼い娘も一緒だった。

◉教訓

神のために戦う者よ、天の王国（キングダム・オブ・ヘブン）はあなたのものかもしれない。

1213

病死

メランのゲルトルード

シェイクスピアが戯曲『ハムレット』で「生きるべきか死ぬべきか」という有名な台詞を書くより数百年前に、死ぬべき運命をたどったもうひとりのガートルード（ゲルトルード）王妃がいた。

こちらのゲルトルードは、海辺にあるメラン公国に生まれ、一三世紀初頭にハンガリー王アンドラーシュ二世の妻となった。だが、不運な星の下に生まれたハムレットの母ガートルードのように、ゲルトルードも破滅へ続く見えない陰謀の渦に巻きこまれていった。

ゲルトルードの不運は、タイミングの問題だったと言える。ゲルトルードがハンガリー王と結婚したのは厄介な転換期だった。夫アンドラーシュ二世は、先王の時代にはじまった、王から国民への土地の移譲を継続して行なっていたが、小貴族の中には分け前を一刻も早く欲しがり、別の者が引きたてられると、自分の権利が軽んじられたかのように受け止める向きがあった。ゲルトルードが殺害されたのは、彼女の親戚たちが宮廷の高い地位に取りたてられた後だった。実のところ、王であるアンドラーシュに実権はなかったのだが、そんなことは問題ではなかった。王妃の親戚が取りたてられたことを快く思わない貴族たちは、一二一三年、王妃を殺害して自分たちの強い不満を表明した。

ある記録によれば、ゲルトルードは狩りに出かけているところを襲われたという。アンドラーシュは近隣領土の反乱を鎮圧するため留守にしていたので、王妃を守れなかった。亡くなったとき、王妃はわずか二八歳だった。だが、王妃としてのつとめはすでに立派に果たし、五人の子どもを産んでいた。その中には王の後継ぎとなるベーラ四世と、他家に嫁ぐことになるふたりの娘アンナ・マーリアとエルジェーベトがいた。

ゲルトルードの暗殺者たちは、それから三〇年以上、お咎めなしだった。王妃が亡くなったとき、アンドラーシュ二世は肩をすくめただけで次の妻を娶った。正義を追求するには、政治的状況があまりにも緊迫していた。しかし、一二三五年にアンドラーシュが死に、ベーラがハンガリー王になると事情は一変した。

ベーラ四世はひと味違うハムレットだった。復讐をあせらず、しかし巧妙に暗殺者たちを探し出して、罰を与えた。ハンガリー王ベーラは一二七〇年に亡くなった。ゲルトルードが王家の陰謀の犠牲となってから半世紀以上が過ぎていた。

◉教訓

遅すぎる正義では、死は報われない。

その後のお話

ベーラ４世は忍耐強い男だったが、ゲルトルードの娘、ハンガリーのエルジェーベトも信仰の深さでは負けていなかった。エルジェーベトは1231年に亡くなり、その４年後に列聖［カトリックで聖人の位に列せられること］された。

エルジェーベトは幼いころから母と離れて過ごした。４歳のときにテューリンゲン方伯ルートヴィヒと婚約し、テューリンゲンの宮廷に連れてこられた。夫婦仲はたいへんよかったが、ルートヴィヒが第６回十字軍従軍中に亡くなってからは慈善活動にいそしみ、修道院に入った。ハンガリー生まれのピアニスト、フランツ・リストは、エルジェーベトの物語に触発され、オラトリオ『聖エリザベートの伝説』を作曲した。

1248

強制的自殺
オグル・ガイミシュ

モンゴル帝国は、陸続きとしては史上最大規模の版図を誇り、最盛期にはおよそ一億人の被統治民を抱えていた（現在のアメリカ人口の約三分の一に匹敵する）。帝国の領土には、冬には気温がマイナス三五度近くまで下がり、夏には四〇度まではね上がる、世界で最も苛酷な環境の地域も含まれた。だが、帝国は経済の要所も支配していた。東と西をつなぐ交易路、シルクロードが帝国を横断し、中国からローマへ豊かな富を運んでいた。

つまり、モンゴル帝国の皇帝（大ハーン）になるとは、単に周辺民族を従えるにとどまらず、さまざまな国の富を支配することを意味した。

オグル・ガイミシュはモンゴル帝国の女王を名乗った。それは、あたかもビル・ゲイツの妻メリンダが、株主たちに何のことわりもなくマイクロソフト社の会長に就任すると宣言したようなものだった。メリンダのように、オグルにもコネはあった。夫のグユクはチンギス・ハーンの孫でモンゴル帝国の皇帝だった。

しかし、酒の飲みすぎがたたり一二四八年に四二歳で亡くなった。グユクの母ドレゲネ・ハトゥンという身近な先例もあった。ドレゲネは、夫の死後五年間摂政をつとめ、政治力を強めて息子を王位に就けた。

ドレゲネと違い、オグル・ガイミシュの統治は、数か月しか続かなかった。たちまち新たな皇帝の人選をめぐって激しい権力争いが勃発した。多くの者が次期皇帝にと考えていたのは、先の皇帝の未亡人ではなかった。

オグルの最大の政敵は、やはりチンギス・ハーンの孫であるモンケだった。モンケは有力者が集まる重役会議、クリルタイを開くことを要求した。モンケは、王位に就くためにあらゆる政治工作に訴え、オグルは一票差で敗れた。

黒魔術

黒魔術と、白魔術などほかの魔術との違いは何だろう？　ポイントは、魔術を使う者の心がまえだろう。黒魔術を行なう魔法使いは、願いをかなえるために力や霊を操作するとき、他者にどんな影響や危害が及ぶかといったことに頓着しない。白魔術も、利己的な目的のために行なわれる場合はあるのだろうが、他者を傷つける意図のもとに行なわれるわけではない。

オグル・ガイミシュ自身はどうだったのだろう。良くも悪くも、王族の生まれだったのだから、魔術について多少の心得はあっただろう。サー・ジェームズ・フレイザーは、魔術と宗教のはじまりにかんする百科全書的大著『金枝篇』で、多くの原始社会では「王はしばしば呪術師と神官を兼任する。実際、黒魔術、あるいは白魔術に精通しているとみなされて王となる場合が多いようだ」と述べている。

だが、モンケとその支持者たちは、こんな白黒はっきりしない勝利には満足できなかった。オグル・ガイミシュを完膚なきまでたたきのめすために、彼らは汚い手を使った。オグルが、新たに選出された皇帝を呪う黒魔術を行なっていると訴えたのだ。

元摂政は法廷に引きずり出され、いんちき裁判にかけられて死刑を宣告された。あまりにも強引だと思われるのを避けるためだろう。オグル・ガイミシュは自死を許された。オグルがどのような死に方を選んだのかはわかっていない。

◉教訓

王位を狙うときはくれぐれも慎重に。

1285

トレビゾンドのテオドラ

修道院送り（一二八五年廃位）

帝国を一年だけ支配できるとしたら、あなたは何をする？　これが、目の回るあっという間の一年間、トレビゾンドを支配した女帝テオドラが直面した問題だった。

トレビゾンドは、一二〇四年、第四回十字軍によりコンスタンティノープルが陥落した後、ビザンツ帝国の残党によって建国されたギリシア系の国家だった。黒海沿岸にあったため、東と西を結ぶ交易路、シルクロードの重要な中継地となった。やりたい放題の軍の傀儡国家でもあった。一四六一年にはオスマン帝国によって完全に滅ぼされてしまう。現在はトルコ領に含まれるが、テオドラが生きていた時代には、栄光のギリシア帝国（ビザンツ帝国）があげた最期の雄たけびと考えられていた。

一三世紀後半、テオドラは、トレビゾンドの皇帝マヌエル一世と、二番目の妻であるグルジアの姫の間に生まれた。一二六三年に父親が亡くなると、テオドラのふたりの兄、アンドロニコス

修道院

テオドラの時代もその後の時代も、貴族の女性の人生設計は二者択一だった（そもそも選択の余地があればの話だが）。男と結婚するか、それとも神と結婚するかだ。因習にとらわれず、経済的な心配も必要ない女性の中には、自分の息子を産むより、神の息子と結婚することを選ぶ者もいた。こうした女性たちは、修道院の制限付きの自由や知的な活気にあふれた環境を、土地持ちのおいぼれ男より魅力的に感じていた。何はともあれ、修道女になれば、読むことも、書くことも、芸ごとのひとつやふたつ練習することもできた。

キリストの花嫁たちはたいてい富裕な家庭の生まれだった。教会に求婚するには持参金が必要だったからだ。幼いころから修道院に入ることが決まっている娘もあれば、夫を亡くして尼僧になる者もいた。少数派だが、陰謀渦巻く政治の世界を逃れようと修道院に入る者もいた。俗世から隔離されて頭巾をかぶった元女王は、権力へと返り咲く計画を練ったのだろうか？

とゲオルギオスが続けてトレビゾンドの王となったが、一二八二年には兄たちはすでに過去の王となっていた。アンドロニコスは亡くなり、ゲオルギオスは、オグル・ガイミシュとは関係のないモンゴル軍によって廃位されていた。

次に王位に就いたのは、テオドラの異母弟ヨハネスだった。テオドラは、今度は指をくわえて見ているだけではいなかった。一二八四年、ヨハネスが結婚のためコンスタンティノープルに出発したすきに、母と縁《ゆかり》のグルジア人たちの手を借りて王座を乗っ取った。残念ながら、彼らの助けは十分でなかった。ヨハネスは一年後にテオドラを廃位して、すべての権力を取り上げた。

突然王座を追われるまでにテオドラが

行なった主な業績は、自分の肖像を刻んだ硬貨を鋳造したことだった。トレビゾンドは交易の要衝だったので、テオドラの硬貨は広く流通し、王位を退いた後も用いられていただろう。半世紀前にビザンツ帝国を支配した、大先輩の女帝イレーネのように、テオドラはシンボルの重要性を理解していた。帝国をもっと長く支配できたならほかに何をしただろう。想像もつかない。

トレビゾンドに帰国して王冠を取り戻した弟王に処刑されなかっただけでも運がよかった。その代わり、テオドラは修道院に幽閉された。その後のテオドラについては何もわかっていない。おそらくキリストの花嫁として死ぬまで過ごしたのだろう。

◉教訓

命が惜しくば尼寺に行け。

1361

暗殺または不審死

ブランカ・デ・ボルボーン

「塔に閉じこめられたお姫さま」は、数多くのおとぎ話の導入モチーフだ。こうしたおとぎ話《コンテ・デ・フェス》では、お姫さまはたいてい最後に、お姫さまを花嫁にと切望する王子か王によって救い出される。だが、お姫さまを閉じこめたのが王その人だったら、どうだろう。それでもハッピー・エンドは待っているのだろうか?

ブランカ・デ・ボルボーン(フランス語名ブランシュ・ド・ブルボン)の場合、考えるまでもなく答えは「否《ノン》」だった。このフランスの姫は、信心深さと美しさで評判だったが、父親のブルボン公がカスティーリャ王ペドロとの縁組を決めたとき未来に待ち受けていたかもしれない幸せは、跡形もなく打ち砕かれた。

条件だけを考えれば理想のカップルと言えただろう。だが、現実は悲惨だった。確かに、ブランカは王妃になれる。お姫さまからのステップアップであるのは間違いない。年齢的にも釣り合

いのとれたカップルだ。ブランカは初々しい一四歳、ペドロは男の色気漂う一八歳だった。だが、カスティーリャはヘビの巣くう戦場だった。それというのも、ペドロの父親が愛妾との間に七人も子をもうけ、それぞれに過分な権力を与えていたからだった。王座を守るために、ペドロは自由な時間の大半を使って、対立する親族たちを片端から殺し、こうしたあまり感心できない行ないのために「残酷王」と呼ばれるようになった。

この縁組にまつわる不吉な前兆はほかにもあった。ペドロは、ブランカの前にイングランドのジョーン王女と婚約していたが、ジョーン王女は、カスティーリャへ輿入れする途上、黒死病で亡くなってしまった。巷《ちまた》では、ジョーン王女は運がよいといわれていた。なぜなら、ペドロにはすでに内縁の妻がいた――それを単なる結婚の障害と見るか、許しがたき大罪と見るかは、見る者の考え方しだいだったが。

ブランカの親は、否定的な評判には耳を貸さず、いちばん良い結果だけを期待した。一三五三年、従順にも姫は王に嫁ぐため、フランスからカスティーリャへ向けて旅立った。ペドロは、スペインに到着したブランカに数か月間待ちぼうけをくわせた。愛妾のマリア・ディ・パディーリャといちゃつくのに忙しくて歓迎の挨拶もできなかったのだ。最後には重い腰をあげてなんとか体面を取り繕ったものの、ブランカに対する誠意のかけらも見せなかった――だが、とにかく結婚はした。

なぜ、ペドロがこれほどブランカを嫌ったのか？　周囲の人々も首をひねった。姫は容姿もそれほど悪くはなかったのだ。愛妾のマリアがペドロに悪い魔法をかけたのではないか、そんな憶測を飛ばすのが関の山だった。だが、フランスの啓蒙哲学者ヴォルテールによると、十代の姫は「ペドロに反旗を翻した例の庶子たちのひとり、サンティアゴ騎士団長と恋仲になっていた」らしい。これが本当ならば——正直なところ柄にもない気がするが——ブランカは分別のある女などではなく、恋に浮かれるうかつな女だったことになる。婚約者の異母弟との火遊びなんて、婚礼の喜びを盛り上げる最良の策とはいえない。

いずれにせよ、ペドロの反応はずいぶん極端だった。新妻を堅牢で名高いアレバロ城に幽閉したのだ。多くの人がブランカ王妃のひどい待遇に同情を寄せたが、王妃を救い出すことは誰にもできなかった。八年後、ブランカはペドロの命令によって暗殺された。

ブランカはどのように暗殺されたのか？　毒殺されたという説もあれば、石弓の射手に射殺されたという説もある。何はともあれ、王妃はこの世から消えた。亡くなったとき、二二歳だった。人生の三分の一以上を塔の中で囚われの身として過ごしたことになる。

一方、ペドロ残酷王は暴力に明け暮れた人生にふさわしい最期を遂げた。二〇年にわたり非情な統治を行なった後で、庶出の異母きょうだいのひとりに斬首された。

◉教訓

実物が評判と違うとは限らない。

1382

絞殺
ナポリのジョヴァンナ一世

配偶者殺人（夫殺し）の被害者は、道徳的に腐敗した王ばかりではない。ブランカが夫から死刑宣告を下されていたころ、彼女の遠縁にあたるジョヴァンナは、ナポリの王位を継承するのに邪魔な最初の夫を始末していた。それは、ふり返ってみれば、追放あり、伝染病あり、売春宿まであり だった、ジョヴァンナの治世の汚辱にまみれた幕開けだった。

ジョヴァンナ女王の統治は、初めは前途洋々だった――ボッカッチョもペトラルカもその美、知性、気品を称賛した。ジョヴァンナは、一三二八年フランスのアンジューに生まれた。フランス王フィリップ六世の姪で、ロベルト賢明王として世に知られたナポリ王の孫という、輝かしい血筋の生まれだった。ジョヴァンナが生まれた直後に父が亡くなったため、ナポリ王ロベルトはこの孫娘を単独相続人とした。王位を一族内で受け継ぐため、ジョアンナは七歳になると、ハンガリー王子でまたいとこにあたる六歳のアンドラーシュと婚約した。

九年後、ロベルト賢明王は息を引き取るときにナポリの王位をアンドラーシュに譲った。しかしこれはあまり賢明な策ではなかった。ロベルト王の行ないは、民意にまっこうから背くものであり、民衆はジョヴァンナに統治してもらうことを願って反乱を起こした。ヴォルテールによれば、アンドラーシュは「がさつなふるまい、節操のなさ、大酒飲みのためにナポリ人たちから嫌われていた」という。二年も経たないうちに、アンドラーシュは王宮内で暗殺された。背後から絹ひもで首を絞められたのだ。

ジョヴァンナは夫殺しの罪で告発された。ある記録には、ジョヴァンナは夫が殺されている物音を聞きながら助けを呼ぶこともせず、悲しんでいる様子も見せない、これが殺人に関与した何よりの証拠だ、とある。アレクサンドル・デュマは、ジョヴァンナの裁判を克明に描写し、「犯罪に手を汚した天使は、悪魔のように白々しく嘘をついた……」と結んだ。結局女王は無罪放免になった。しかし、代償を支払わずに済んだわけではなかった。アンドラーシュ殺害は、彼の年長のいとこ、ハンガリー王ラヨシュ一世の怒りに火をつけ、これが後の破滅へつながった。

女王の業績としては、生まれながらプロヴァンス伯でもあったので、アヴィニョンに貴族向けの大きな売春宿を建てたことで知られている。ジョヴァンナの周囲には、罪人を焼く地獄の業火の悪臭がたちこめていた。しかし、本人は意にも介さず、また別のいとこと結婚しようとした。そして、ローマ法王から近親婚の認可を得ようとアヴィニョンを教会に売却し、そのせいで売春婦たちはとつじょ路頭に迷う羽目になった。

ローマ法王に認めてもらえたかどうかはともかく、ラヨシュ一世が軍を進攻させたので、ジョヴァンナと新しい夫はナポリを逃れることを余儀なくされ、国外追放の身としてプロヴァンスで暮らしていた。やがて、当時大流行していた黒死病がナポリに達し、ハンガリー軍がナポリを見捨てると、ジョヴァンナは意気揚々と帰国し、戴冠式用に建設され、ジョットの弟子が描いたフレスコ画で飾られたリンコロナータ聖堂で戴冠式を挙行した。しかし、女王の座は安泰ではなかった——ラヨシュ一世が、その後も三〇年間ナポリを絶えず脅かしたからだ。

一三八一年、ハンガリー軍によってついにジョヴァンナは廃位された。一年後、囚われの身のジョヴァンナに因果がめぐってきた。絞殺されたのだ。最初の夫と同じ殺され方だった。

◉教訓

手を血に染めた者には、報いがめぐってくる。

その後のお話

『三銃士』などの剣豪小説で知られる19世紀の文豪アレクサンドル・デュマは、ジョヴァンナの生涯を題材にした小説を『有名犯罪 Celebrated Crimes』シリーズに載せている。デュマは、この残忍な女王を、策謀家たちの陰謀に苦しめられる美しい犠牲者として美化している。そのほか『有名犯罪』に取り上げられた歴史上の人物には、ルクレツィア・ボルジアがいる——似た者同士ではないだろうか。

1395

暗殺または不審死

ハンガリー女王マーリア

ハンガリーのラヨシュ一世は、ジョヴァンナを王座から追い落としてナポリを傘下におさめ、広大な領土をさらに拡大した。ラヨシュの長女マーリアにとって、相当の相続財産ができたわけだ。しかし残念ながら、それが若くして亡くなったマーリアの死を早める原因でもあった。

公平にいって、ラヨシュは娘によかれと思ったことをしただけなのだ。ずいぶんと年のいった父親だったので――マーリアが生まれたときには四五歳、中世では立派な高齢者だ――娘の将来を決めるのにぐずぐずしてはいなかった。男子の後継者がいなかったせいもある。ラヨシュは幼いマーリアを、十代の、ルクセンブルク家のジギスムントと婚約させた。ジギスムントには神聖ローマ帝国の皇位継承権があり、ふたりが縁組すれば、アンジュー家とルクセンブルク家の間で長らく続いていた激しい緊張状態も和らぐだろうし、運がよければ、マーリアはつつがなく国を治められるだろう。ラヨシュの頭には、マーリアがハンガリーを統治し、ジギスムントがそれを助けるというシナリオができていた。しかし、若者には若者の野望があった。ジギスムントは、一三歳になるころには諸国に招かれて陰謀をめぐらすほどの人物になっていた。

一三八二年、ジョヴァンナを腹心に殺害させた半年後にラヨシュは病死した。マーリアはわずか一〇歳だったため、母親であるボスニアのエルジェーベトが摂政をつとめていた。ところが、一三八五年、ジギスムントがマーリアと結婚し、エルジェーベトの統治は不意に断ち切られる。

ルクセンブルク家

一国の王と違い、神聖ローマ皇帝は選挙で選ばれた。皇帝は信仰を守ることを誓わなくてはならないが、信心深いわけではなかった。どの皇帝もローマ王になってから、ローマ教皇により戴冠された。

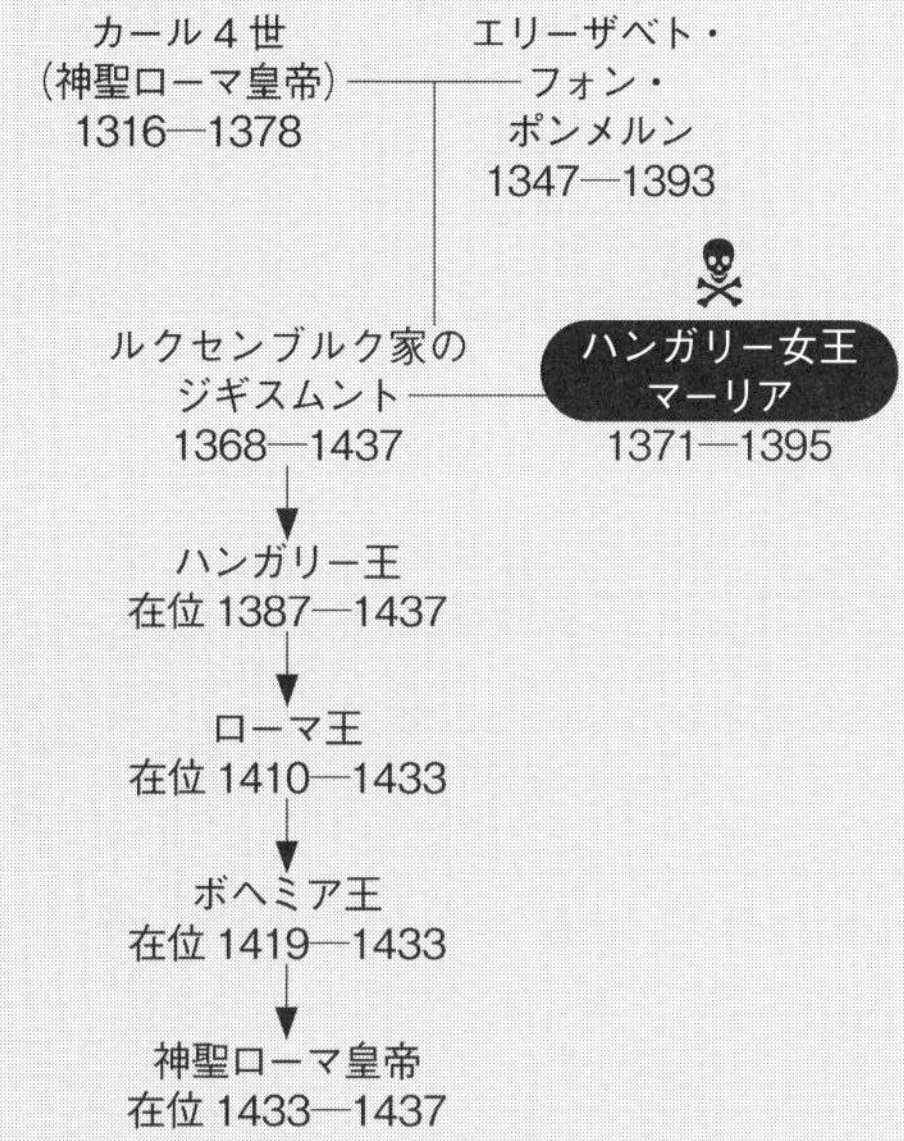

一三八七年、エルジェーベトは娘の目の前で絞め殺された。殺人が行なわれたのは、母と娘が反乱貴族たちにさらわれていた間の出来事だったが、暗殺の黒幕は、義理の母親に野望を邪魔されるのを嫌ったジグムントだといううわさが流れた。

マーリアは気も狂わんばかりだった。その後、この不幸な夫婦は別々の宮殿に別れて暮らした。マーリアは、夫に好きなように統治させた。一〇年後、臨月のマーリアは乗馬中の不審な事故がもとで亡くなった。誰もがあやしいとにらんだ人物こそ犯人に違いない。女王は夫と疎遠だったので、そもそもお腹の子の父がジギスムントなのか、疑問視されていた。だが、子どもが生まれる前にマーリアが死んだので、ジギスムントの単独支配を邪魔する問題は消滅した。

マーリアを犠牲にして王冠を手にしたジギスムントだったが、その後の数十年間にはさらに険しい道が待っていた。政変のおかげで王となり、半世紀にわたりハンガリーを支配したが、治世のほとんどは、つまらない諍《いさか》い、身内の陰謀、おびただしい流血事件の連続だった。長生きしたおかげで権力はいっそう強化され、ローマ王、次いでボヘミア王となり、一四三三年、ついに神聖ローマ皇帝として戴冠した。四年後、天の裁きを受ける日がめぐってきたとき、ジギスムントは六九歳だった。

◉教訓

他人が書くシナリオと、あなたに振られる役どころにはご用心。

第3章のおさらいクイズ

1　中世の女王たちにとって恐怖だったのは次のどれ？

A　腺ペスト（黒死病）。

B　映画『愛がこわれるとき』に登場する男のような DV 夫。

C　妊娠。

D　神と祖国と十字軍。

2　トレビゾンドのテオドラは王座を退いた後、どうしたのか？

A　首をつった。

B　キリストの花嫁になった。

C　心は軽くなったが、思い出は重かった。

D　夜空に輝く星の数より数多くの後悔を抱えた。

3　なぜオグル・ガイミシュは、モンゴル帝国の皇位継承権を主張したのか？

A　お腹の子の摂政だったから。

B　モンゴル式指導者訓練コースを修了したから。

C　先の大ハーンだった夫の後を継いでいたから。

D　とても図々しい女だったから。

4　ブランカ・デ・ボルボーンの夫ペドロがあれほど残酷だったのはなぜ？

A　自信のなさの過剰な裏返し。

B　ブランカにまったく魅力を感じなかった。

C　サド侯爵の先駆者だった。

D　親に、陶芸教室ではなく陸軍士官学校に入れられたから。

5　ナポリの女王ジョヴァンナが統治中に行なったことは、次のどれ？

A　ナポリタン・アイスクリームを発明した。

B　女王でありながら偽証して無罪放免された。

C　アヴィニョンに国営の売春宿を設立した。

D　夫殺しを世間に認めてもらおうと陳情した。

◉解答

1　すべて正解。

2　B。修道院に入った後で、テオドラは何を後悔し、何を懐かしんだのだろうか？

3　C。

4　B。ブランカの待遇から推測した。

5　C。ひっかけ問題。ジョヴァンナが偽証したという確かな証拠はない。私たちの知る限り、夫殺しが認められているところはない。

第4章

享楽のルネサンス期

陛下に宜しくお伝えください。陛下は私《わたくし》の地位を上げ続けてくださいました。一介の上流婦人だった私を侯爵夫人に、さらに王妃にしてくださいました。もはやこれ以上の高位はないと知ると、私の潔白に対して殉教者という栄誉をくださり、私を天国の聖人の列に加えてくださいました。

――アン・ブーリン

ルネサンス期の人間至上的な栄光は、この時代の王妃にまではおよばなかった。この危険な時代には、主なふたつの理由から王妃はその地位を脅かされ、退位を迫られた。世継ぎを産めないことと信仰だ。

イングランドは王妃たちにとってとくに油断のならない国で、ヘンリー八世の妻となった女性のうち四人が命を落とした。ヘンリー八世は男子の世継ぎが欲しくて、全部で六回結婚した。謀《はかりごと》に長けた彼が、最初の妻であるキャサリン・オブ・アラゴンを世継ぎを産めない女と見極めたのは、幼くして死んでしまうような息子しか産めないとわかったときだ。

皮肉なことに、キャサリン・オブ・アラゴンは篤い信仰ゆえに苦悩を背負うことになったのかもしれない。敬虔なカトリック教徒だったキャサリンは、神の寵愛を得るために――世継ぎの男子が生まれないのは、その人が犯した罪への罰と考えられた――断食をした。その結果、おそらく生理不順となり、妊娠しにくくなったのだろう。

それでは、神頼みのほかにどんな不妊治療が広く行なわれていたのだろうか？　当時は生殖内分泌学者はいなかったので、自分なりにいろいろやってみるしかなかった。セックスの回数を制限したり、前戯を増やしたり、子宮を燻蒸《くんじょう》消毒――不快で恐ろしそう――をしたりした。膣の中にハーブをしっかり詰める方法もあった。ハーブは、ショウガの一種のガランガルとハナハッカとキノコ（幻覚誘発剤の類ではなかったようだ）を組み合わせて調合された。すべては男の子を妊娠するためだった。夫婦は性交中は相手の目を見つめていること、とアドバイスする人もいた。そうしていれば、体液のバランスがよくなると考えたのだろう。

ヘンリー八世はキャサリンと別れるために、離婚という方法を使った先駆者で、そのために新しいプロテスタントの教会を設立した。それ以後は、お気に入りの「死に方」として、妻たちを斬首刑に処すことが多かった。死別なら、再婚するときに面倒がないというわけだ。

だがヘンリー八世が新しい教会、イングランド国教会を設立したばかりに、彼の治世だけでなく、その後何年にもわたって宗教戦争が起こり、王族が多数死亡した。ヘンリー八世の死後、彼の妹の孫娘にあたるジェーン・グレイも、スコットランドの女王メアリーも、神とイングランドのために斬首刑に処せられた。ジェーンはプロテスタント、メアリーはカトリックだった。ヨーロッパでは、ナバラの女王ジャンヌ三世もプロテスタントの宗教戦争（ユグノー戦争）に深くかかわり、そのせいで死期を早めたのかもしれない。

ヨーロッパ以外でも、王妃たちは出産時に死亡したり、正気を失ったり、血族結婚による弊害で――必ずしもこの順で多かったわけではないが――その地位を失った。

1536

離婚／婚姻無効

キャサリン・オブ・アラゴン

かわいそうなキャサリン・オブ・アラゴン。一四八五年にこの世に生を受けるや、彼女の運命は決まっていた——「皇女の子宮、売ります」。キャサリンが選んだ紋章でさえ、それをかなりはっきりと表していた。古代から多産を象徴する「ザクロ」を選んだからだ。キャサリンの運命は、予想がつきにくい生理の周期に基づいて好転したり、悪化したりしたのだろう。無数の王妃がそうであったように。

キャサリンはスペインのスーパーカップルであるフェルナンド二世とイサベル一世との間に生まれた四人姉妹の末っ子で、いちばんの美人だった。キャサリンが三歳になるころには、両親は彼女の将来をすでに決めていた。イングランドと同盟関係を結ぶために、当時二歳だったイングランド皇太子アーサーに嫁がせるのだ。一〇年以上の年月が流れ、キャサリン王女はイングランドに向かって旅立った。二〇万クラウン［王冠がデザインされた硬貨。当時は金貨］もの持参金を

携えて。残りの二〇万クラウンは後で支払われることになった。キャサリンはアーサーの弟ヘンリーに導かれて教会の通路を進んでいった。少年ヘンリーは結婚披露宴でローブを脱ぎ捨て、激しく踊った。

挙式での喜びは長くは続かなかった。アーサーは四か月後に急死してしまった。キャサリンの言葉によれば、ふたりは若すぎて初夜を迎えることができず、ザクロは触れられぬままだったそうだ。一六歳のキャサリンは、異国の地で未亡人になった。アーサーの父親、ヘンリー七世はフェルナンド二世から持参金の残り半分をせしめようとしたが、フェルナンド二世は支払いを拒み、娘を貧しくとも体面を繕わねばならぬ生活に追いやった。七年後、結婚式で踊っていた義弟ヘンリーがイングランド国王ヘンリー八世となり、キャサリンの前に鼻息も荒く現れて結婚を申し込み、忘れられた存在だった彼女を救い出してくれた。

さて、ヘンリーはどんな手を使って兄の未亡人と結婚したのだろうか？　教会法では旧約聖書の「レビ記」の一節「兄弟の妻をめとる者は、汚らわしいことをし、兄弟を辱《はずかし》めたのであり、男も女も子に恵まれることはない」［「レビ記」二〇章二一節］に基づき、禁じていた。しかし、ヘンリーは清らかなままだというキャサリンの言葉を信じ、ローマ教皇から特免状を出してもらった。派手な最初の結婚式を嫌い、ややスキャンダラスなカップルはひそかに式を挙げた。ヘンリーはキャサリンを不確かな運命から救い出し、イングランド王妃にした――これでキャサリンはヘンリーをいつまでも愛し続けることだろう。

最初のうち、ヘンリーとキャサリンは幸せだった。だが、三人の王子を授かったにもかかわらず、誰ひとりとして育つことはなかった。二四年間の結婚生活でキャサリンは何度も妊娠したが、育ったのは娘ひとり、メアリーだけだった。後にヘンリーは、「レビ記」は正しかったと思い至

ヘンリーの妻たち

ヘンリー・テューダーは多くの妻を娶ったが、その数は当時の人が所有した馬の数より多い。しかも彼らの馬はヘンリーの妻より穏やかな一生を送った。妻の名はキャサリンやアンだらけなので、違いがわかるように家系図を載せよう。

った。キャサリンに気づかれずに、教皇にもう一度特免状を出してもらおうとしたが、うまくいかなかった。今回の特免状は、現在の婚姻を無効にして再婚できるようにするためだった。世継ぎの男子を得るために。

キャサリンはヘンリーの動きに気づき、涙ながらに訴えた。「私はあなたに対して真に謙虚で従順な妻であったことを、神と全世界に誓います……私は貞節な妻で、ほかの殿方に触れたこともありません」。ヘンリーは反論しなかったが、決心は固かった。

ヘンリーは手っ取り早い解決策として修道院に入ることを提案したが、傷心の王妃は拒絶した。王妃は自分だけのために闘っているのではなかった。娘メアリーの王族としての権利を守りたかったのだ。もし結婚が無効になったら、王女は婚外子になってしまう。とうとうヘンリーはローマ教皇をばかにするような態度を取り、自分自身で結婚生活に終止符を打った。キャサリンを遠くの城へ追いやったのだ。キャサリンは城に軟禁され、三年後に亡くなった。死後心臓を取り出してみると、まるで乾燥ザクロのように黒くしぼんでいたそうだ。

◉教訓

夫のきょうだいとの結婚は、身の破滅。

1536

斬首
アン・ブーリン

ヘンリー八世にはキャサリン・オブ・アラゴンを追いやりたい、半ば公然とした理由があった。アン・ブーリンに夢中だったのだ。アンの子宮は自分の精子をもっと受け入れてくれそうに思えた。けれど最初の妻キャサリンの不運は、二番目の妻アンに比べればたいしたことはなかった。アンは公開の場で処刑された、初のイングランド王妃という不名誉を与えられた。洗練されたマナーと美貌ゆえにイングランド宮廷で一目置かれた女性にとって、それはまさに不名誉の極みだった。

アンはイングランド生まれだが、思春期をヨーロッパで過ごし、フランスのマルグリット・ドートリッシュ王妃とクロード・ド・フランス王妃の侍女として仕えた。このヨーロッパでの暮らしがアンを洗練された女性に変え、フランス語でしゃれた会話をし、情熱的に踊り、約束はしても何も守らない宮廷式恋愛作法で男性をもてあそんだ。また黒髪と官能的な眼差しのせいでとて

『THE RULES』と宮廷式恋愛作法

エレン・ファイン、シェリー・シュナイダー共著『THE RULES ――理想の男性と結婚するための35の法則』は1990年代アメリカのベストセラーで、アン・ブーリンの宮廷式恋愛作法をみならったものだ。著者のひとりは離婚したが、結婚相手がヘンリー8世でなくてよかった。いずれにしても、アン・ブーリンのエピソードが物語っているのは、「その気がないふりをする」のは、何百年経っても有効ということだ。

も目立った。アン・ブーリンはいわばテューダー朝イングランド版のアンジェリーナ・ジョリーで、周囲にはリース・ウィザースプーンのようなブロンド娘しかいなかった。

アンは一五二一年、父親の選んだ花婿と結婚するためにフランスから帰国した。ところが理由はわからないが破談になり、ふたたびアンは王妃に、今回はイングランド王妃キャサリン・オブ・アラゴンに仕えるために宮廷に送られた。そしてうれしいことに、恋人ができた。

相手はヘンリー・パーシーといい、伯爵家を継ぐことになっていたので良縁といえた。ふたりはひそかに婚約したが、宮廷で隠し事はできなかった。ふたりの結婚は絶大な権力によって禁じられた。アンを手に入れたい男がほかにいたのだ――ヘンリー・パーシーより力のあるヘンリーという名の男が。彼は国王ヘンリー・テューダーとして望めば、何でも手に入れられた。

そうなるとアンに勝ち目はなかった。国王は獲物を捕まえるときのようにアンに忍び寄り、アンの拒絶を無視した。現代だったら、セクハラ裁判で莫大な賠償金を払わされたことだろう。アンは自分の身を守るために、「ルール」に従うしかなかった。

アンのルール第一条は「誰とでも寝るようなことはしない」、第二条は「大きな金の指輪が手に入るまでじっと待つ」。だがアンは追い詰められ、「ルール」に従わない娘の身に起こる破滅が目前に迫った。実はアンの姉メアリーはヘンリー八世の愛人だったが、得たものはふたりの婚外子だけだった。アンはそんな愚かな娘ではなかった。それにヘンリー・パーシーとの婚約を破棄させた国王に憤慨していた。ついにアンは、王妃という究極の寵愛を与えてもらうことで、国王に償いをさせようと決心した。

ヘンリー八世はキャサリン・オブ・アラゴンとの離婚騒動に決着をつけ、アンと結婚するのに七年もかかった。長い、ゴタゴタ続きの七年だった。その間には教皇への嘆願、法廷での言い争い、ローマ教皇庁へのたび重なる賄賂、枢機卿の死があった。アンを手に入れるために、ヘンリーはようやくこの問題に決着をつけた。イングランドの絶対的な宗教的権威は国王である自分にこそあり、ローマにいるおかしな帽子をかぶった男なんかにはないと結論づけた。ヘンリーはカンタベリー大司教に、自分の言いなりになる男を就任させた。大司教は喜んで国王の離婚を認めた。当然のことながら、ヘンリー八世はローマ教会から破門された。この一連の出来事によって、ヨーロッパ中に激震が走った。もはや人は神の恵みを得るために司祭は要らぬという、マルティン・ルターの宗教改革を結果的に認めることになったからだ。

驚くべきことに、アンはその七年間ヘンリーと寝ることを拒み、ようやく結婚直前になって許した。そしてすぐに懐妊し、一五三三年に王妃の戴冠式が行なわれたときには、すでにお腹はふくらんでいた。アンがヘンリーを愛するようになったのはいつなのか正確にはわからないが、ヘンリーの権力に惹かれたのかもしれないし、避けがたいものなら最大限に利用しようと思ったのかもしれない。アンは「私は国王を心から望んではいませんでした」とかつて認めた。アンは神様が自分を王妃に選んだと信じていたという説がある。自分自身を旧約聖書の「エステル記」に登場するエステル王妃［決死の覚悟でユダヤ民族を虐殺から救った］に重ね合わせ、うつつを抜かしている王国に活を入れ、堕落した教会を改革しようと思ったのかもしれない。アンはラテン語だった聖書を英訳するように働きかけることもし、その結果、庶民は聖職者がいなくても聖書を読めるようになった。

アンは臨月を迎え、娘のエリザベスを出産した。その直後からヘンリーは、アンは魔術を使って自分の心を虜にしたと考えるようになった。恋のピークはとっくに過ぎたようだ。アンが二度流産すると、ヘンリーは素早い行動に出た。

ヘンリーが馬上槍試合で重傷を負ったとき、「ヘンリーが亡くなったら、どうなるかしら？」とアンが興奮して口走るのを立ち聞きした者がいた。ヘンリーは、この言葉は国王暗殺という反逆罪的な陰謀に等しいと判断した。さらにアンは多くの男性と肉体関係を持ち、その中のひとりは実のきょうだいだと申し立てた。

いんちきな裁判が行なわれ、火刑、あるいは斬首刑という判決が下った。どちらにするかは、

死に方いろいろ　《斬首》

斬首刑は、人の息の根を止める迅速で効果的な方法である。ただし、死刑執行人の腕がいい場合に限るが。メアリー・ステュアートが処刑されたとき、首を切り落とすのに３度も斧が振り下ろされ、２度目までは意識があったようだ。それについては、死刑執行人はわざとへまをしてメアリーの苦痛を長引かせようとしたとか、メアリーのような偉大な人物の命を奪うことへの気おくれがそうさせたとか、諸説ある。

斬首刑は、古代から世界中で用いられてきた。ヘンリー８世の時代には、死刑囚は執行人への赦しや君主への称賛など、もっともらしい言葉を最後に述べてから目隠しをされ、それから斬首台の上に頭を置いた。女性の場合、誰かが前のほうで髪を持ち、斧を振り下ろしやすいように体をしっかり押さえた。

昔から斧が使われていたが、ヘンリーはアン・ブーリンを斬首するにあたり、あるフランス人剣士を呼び寄せた。その剣士はとても腕が立つので、アンは痛みを感じることはないだろうと噂された。それを聞いたアンはこう皮肉った。「たいした手間はとらせないわ。私の首は細いですもの」。王妃はひざまずいて祈りを唱えながら、一撃で斬首された。

ヘンリーの胸ひとつだった。ヘンリーは情けをかけ、斬首刑を命じた。不思議なことに、陪審員の中にヘンリー・パーシーがいて、無理やり有罪の票を投じさせられた。

アン・ブーリンは一五三六年に斬首刑に処せられた。キャサリン・オブ・アラゴン同様、子宮に多くを賭けて、大敗してしまったのだ。しかし、アンは偉大な娘、エリザベス一世を通じて生き続けた。

◉教訓

恋愛にルールはない。

1537

出産時死亡
ジェーン・シーモア

大方の予想通り、ヘンリー八世は妻の侍女の中から三番目の王妃を選んだ。今回の幸運な勝者は、ジェーン・シーモアだ。

ジェーンはキャサリン・オブ・アラゴンとアン・ブーリンの両方に仕えた侍女だった。侍女は女主人と入れ替わる日をじっと待つ以外に、いったい何をしていたのだろうか？　当時の侍女は、王妃に服を着せ、ベッドをととのえ、食事中に王妃の口をぬぐうことさえもした。侍女の数は多く、キャサリン・オブ・アラゴンには百人以上が仕えていた。

ヘンリーがジェーンの存在に気づいたとき、ジェーンはすでに二十代後半になっていて、ルネサンス期では紛れもなく婚期を過ぎていた。ヘンリーはアン・ブーリンと結婚した直後に、ジェーンに金貨の包みを送った。ジェーンは意味深長な手紙を添えて、ヘンリーに送り返すだけの賢さはあったようだ。ジェーンは芝居がかったようにひざまずくと、「私にとって名誉はいかなる富にも代えがたいものです……陛下が私に金貨を贈ることをお望みでしたなら、神様がどなたか高潔な結婚相手を私に選んでくださったときにお願いいたします」とヘンリーに懇願した。つまり、ジェーンはアン王妃のプレーブック［フットボール用語。チームのすべてのプレーと作戦・戦術を書きこんだ極秘資料］からプレーを盗んだのだ。そして作戦はまんまと成功した。

ヘンリーはジェーンとの結婚に時間をかけたりはしなかった。アンがひざまずいて死刑執行人の剣が振り下ろされるのを待っていたとき、ヘンリーはジェーンとの婚約を大っぴらに祝っていた。しかし、国民は快く思わなかった。にもかかわらず、ふたりはアン王妃の刑が執行されたわずか一一日後に式を挙げた。ヘンリーは二度もだまされたと思っていたので、息子が無事に生まれるまではジェーンの王妃としての戴冠式は執り行なわないことにした。

前妻のアン・ブーリンは才色兼備だったが気性が激しかったので、ヘンリーはジェーンとの暮らしを心地よい変化と感じた。だが、ジェーンは平凡で退屈な女だった。ある宮廷人はジェーン王妃のことを「中背で、美人とは言いがたい。肌の色はとても白く、青白いと言ってもいいくらいだ」と述べている。ジェーンにいくらかガッツがあったとしても、それを隠しておいたほうがいいことは新婚時代に学んだのだろう。一度ジェーンがヘンリーに言い返すと、ヘンリーはふたりの前妻の身に何が起こったかをほのめかし、将来の争いの芽を摘み取ってしまった。ところで、ヘンリーはカトリック教会の支持者に勧められてジェーンと結婚したという説がある。ジェーンはカトリックの敬虔な信者として知られていたからだ。たとえそうだとしても、ヘンリーがジェーンに感化されることはなかっただろう。
利用されやすい人間にありがちなことだが、ジェーンの座右の銘は「仕え、そして従わなければならない」だった。そしてその通りにした。ヘンリーのふたりの前妻と違い、ジェーンはヘンリーが待ち望んでいた世継ぎの男子を産んだ。懐妊したのは、結婚して八か月後のことだった。しかし、ジェーンとて無傷というわけにはいかなかった。一五三七年、ジェーン・シーモアはエドワード六世を産んだ三週間後に、出産後の合併症で亡くなった。

◉教訓

主人の座を狙う前に、そのマイナス面を考えよ。

その後のお話

ヘンリー8世はジェーン・シーモアをただひとりの「真《まこと》の妻」と考えた。世継ぎを生み、飽きる前に死んでくれたからだろう。ヘンリーはジェーンの墓の隣に自分を埋葬するように遺言した。ふたりの間に生まれた嫡男エドワードは、7歳の誕生日を迎えるころにはすでにギリシア語とラテン語をマスターしていた。だが残念なことに、エドワードの肉体は頭脳ほど出来がよくなかった。15歳のときに結核で早世した。

1542

斬首
キャサリン・ハワード

正気を失うとは「違った結果を期待して同じことを繰り返すこと」を意味するとしたら、ヘンリー八世は文句なくそう診断されただろう。ヘンリーは二番目と三番目の妻のときと同じように、先妻の侍女だったキャサリン・ハワードを五番目の妻に選んだ。ヘンリーは正気を失っていたにもかかわらず、自国で花嫁を選ぶだけの分別は持ち合わせていた。他国の女性は誰もヘンリーとは結婚したくなかったからだ。

ジェーン・シーモアの死後、ヘンリーはヨーロッパの王女の中から政略結婚の相手にふさわしい花嫁を選ぼうとした。だがたいていの王女は承諾しなかった。三人の先妻の死が取り沙汰され、ヘンリーは「貴族の青ひげ」と評判だった。不本意ながら花嫁候補になったのは、ミラノ公フランチェスコ二世の未亡人クリスティーヌだった。彼女はヘンリーに、「もし頭がふたつありましたら、喜んでひとつ差し上げます」と返事したと伝えられている。ところがドイツの王女アン・

名言録

私は国王に対して貞節でしたし、国王を苦しめることなどまったく望んでおりません。国王に寛大な処置をお願いしたいのですが、こうした裏切りに満ちた嘘を認めてしまった以上、それもかないません。――キャサリン・ハワード

オブ・クレーヴズは、勇敢にも千夜一夜物語を語ったシェヘラザードを手本にして、ヘンリー八世との結婚に挑戦してみることにした。ふたり目のアンにとって幸運なことに、ヘンリーはアンを性的に受け入れがたい――単にその気になれなかっただけなのだが――と宣言した後で、結婚を解消した。

やがてふたり目のキャサリンが現れた。キャサリン・ハワードは美しいヨーロッパの王女などではなく、パーティー好きの田舎娘で、アン・ブーリンのいとこでもあった。じきにキャサリンはいとこと同じ運命をたどることになる。最初のキャサリンと違い、このキャサリンは若く、軽薄で、単純そのものだった。またふたり目のアンと違い、ヘンリーは何の問題もなくその気になれた。

ヘンリーは妻というものに満足したことがなかったが、キャサリンのことを愛情をこめて「刺のないバラ」と呼んだ。けれど、このバラはどんな庭師にも忠実ではなかった。キャサリンは華やかな男性遍歴で有名だったが、ヘンリーはキャサリンに夢中だったので、なぜセックスがうまいのか考えもしなかった。

キャサリンと結婚した一五四〇年には、ヘンリーは健康とはとてもいえなかった。ヘンリーは新妻より三〇歳近く年上で、体重は一六〇キロ近くあった。さらに足には膿の溜まる傷があり、

毎日膿を出さなければならなかった。つまりヘンリーは、大人になったばかりの、男のことで頭がいっぱいの娘が恋い焦がれるような魅力的な男性とはとうていいえなかった。

キャサリンは世間知らずではないが、君主制については驚くほど無知だった。それなりの時間が経てば、自分好みの愛人を選ぶことができると思いこんでいた。華やかな宮廷生活のせいで、自分には好きなように行動する権利があると思うようになったらしい。

身についた習慣はなかなか変えられない。すぐにキャサリンは昔の恋人とよりをもどした。ふたりは人目を忍んで会っていたが、すぐにばれてしまった。ヘンリーは激怒した。とくに、妻の夜のテクニックは結婚前に磨きあげられたものだと知ったときは、怒りがおさまらなかった。

キャサリンはいいがかりだと否定したが、無駄だった。裁判にかけられ、直ちに判決が出た。ヘンリーは妻の死刑執行令状を受け取ると涙を流したが、それでも令状にはサインした。キャサリンは処刑前日の晩に、斬首台にどんなふうに頭を置くべきか練習した。きっとそのせいで疲れたのだろう。処刑台に向かうとき、足がもつれ、人の手を借りなければならなかった。

蕾《つぼみ》のうちに切られたバラのように、キャサリン・ハワードは一五四二年に斬首刑に処せられた。ヘンリーとは二年にも満たない結婚生活だった。

◉教訓

ヘンリー八世のすぐそばで不倫するべからず。

1554

斬首
ジェーン・グレイ

生き延びられるかどうかは、タイミングひとつで決まるときがある。レディー・ジェーン・グレイのことを考えると、もし彼女が一〇年遅く生まれていたら、たった九日間だけイングランド女王になるようなことはなかっただろう。一六歳という若さで斬首台まで歩いていくこともなく、宮廷でエリザベス一世と一緒に過ごしていただろう。ふたりが機能不全に陥った一族をめぐって一致団結したときには、エリザベスはこの年下の娘を擁護しただろう。ふたりはギリシア語で哲学を論じ、シェイクスピアに名台詞のひとつやふたつ教えていたかもしれない。

けれど、そんなことはジェーンに起こるはずもなかった。彼女は生まれるのが早すぎたし、幸福な生活を送るにはあまりにも権力に近すぎた。

名言録

女王の座に就く権利は私にはありません し、望んでもいません。レディー・メアリーこそ、正当な王位継承者です。　――ジェーン・グレイジェーンはヘンリー八世の妹の孫娘にあたり、彼の三人の子どもに次ぐ第四位王位継承者だった。彼女は一五三七年、権力には貪欲だが愛情には淡泊な両親のもとに生まれた。両親は政治的な配慮から、ヘンリー八世の当時の王妃ジェーン・シーモアの名にちなんでジェーンと名づけた。母親は娘が神経質すぎるのが気に入らないのか、しょっちゅう叩いた。そのせいでジェーンは自分の殻に閉じこもるようになり、勉学にいそしむ日々を送るようになった。数か国語を楽々とマスターし、頭のよさを認められた。九歳になると、両親はヘンリー八世の未亡人である王妃キャサリン・パーのもとにジェーンをさっさと追いやった。そこでジェーンは生まれて初めて幸せな日々を送った。厄介者の王族が快く罪をあがなえるこの煉獄には、ヘンリー八世の娘エリザベスも住んでいた。

一五四七年にヘンリー八世がこの世を去ったとき、六番目の妻キャサリン・パー、カトリックを信じる娘メアリー、プロテスタントを信じる娘エリザベス、幼い息子エドワードが残された。この幼い国王エドワード六世は親類のジェーンのことが好きだった。ふたりは同い年で、エドワードの父親が創設したプロテスタントの宗教を信じていた。こうしたさまざまな理由からジェーンとエドワードの結婚話が持ち上がったが、実現はしなかった。

エドワードは肺結核を病んでいた。強欲な宮廷貴族は、幼い国王が死ぬのをハゲタカのようにじっと待っていた。エドワードが死ねば、イングランド国王の座は簡単に手に入りそうに思えたのだろう。ヘンリー八世のたび重なる結婚と婚姻無効と離婚によって、エドワードの姉たちの王位継承権は工作粘土《プレイドー》のように造作なくこねくり返せた。

そうした宮廷貴族のひとりが、ノーサンバーランド公ジョン・ダッドリーだった。ヘンリー八世は息子エドワードが成人するまでの後見人として一六名の摂政を指名したが、その中にダッドリーがいた。ダッドリーはその地位を利用して、できるだけ影響力を広めようとした。エドワードはもう長くないと知るや、国王のカトリックへの憎悪を徹底的に利用し、第二王位継承者であるメアリーと、母親のせいで評判の悪いエリザベスを飛び越えてジェーン・グレイに王位を譲る

ヘンリー8世以後の治世

ヘンリー8世がこの世を去ったときには、待望の男子の世継ぎがいた。おかげで存命中はローマ教皇をばかにするような態度を取れた。ところがそのエドワードが早世すると、ヘンリーの6回の結婚のせいで王位継承権は収拾のつかない状態になった。かわいそうにジェーン・グレイは間に立たされて、にっちもさっちもいかなかったのだ。

ヘンリー8世
在位1509—47

↓

エドワード6世
在位1547—53
（母親：ジェーン・シーモア）

↓

ジェーン・グレイ
在位1553（9日間）

↓

メアリー1世
在位1553—58
（母親：キャサリン・オブ・アラゴン）

↓

エリザベス1世
在位1558—1603
（母親：アン・ブーリン）

ように説得した。そしてクーデターを完璧にするために、ジェーンの両親に自分の息子ギルフォードとジェーンの結婚を申し入れた。

かわいそうに、ジェーンには選択の余地などなかった。娘の気持ちを無視して、両親はダッドリーの申し出を喜んで受けた。婚約披露パーティーを前にして、両親はジェーンをせき立て、言う通りにさせた。ジェーンは十代の夫ギルフォードを好きになれず、義父ジョン・ダッドリーを恐れた。夫はうぬぼれが強く愚かだったが、義父は危険でずる賢かった。ジェーンはわずか一五歳だったが、自分の家族よりもさらに油断のならない家族に嫁いでしまったことを理解した。

ジェーンがいやいやながら結婚式を挙げた直後、エドワードは息を引き取った。エドワードの死を知ってジェーンは悲しんだが、自分が次の女王になるという知らせを聞いて動揺し、恐ろしくなった。ジェーンが王位を辞退しようとすると、義父のダッドリーはメアリー・テューダーがイングランドの女王となり、カトリック支配のもとでプロテスタントの信者を迫害する様子をえんえんと語った。ジェーンはプロテスタントを守るために、仕方なく女王の座に就いた。「私に与えられたものが合法的なものであるのなら、神の栄光を導き礼拝を捧げられるよう、勇気とご加護をお与えください……」

第二王位継承者だったメアリー王女は、こうした仕打ちを甘んじて受けるつもりはなかった。ロンドンでダッドリーがジェーン女王に夫のギルフォードを国王と呼ぶように熱心に説得していたとき、メアリーはロンドン郊外で兵を挙げていた。そして十分な支持を得た九日後には、ジェーンを女王の座から引きずり降ろし、ロンドン塔に幽閉した。ジェーンとギルフォードとダッドリーとジェーンの父親は、全員死刑を宣告された。初めのうち、メアリーはジェーンとギルフォードの命を助けるつもりだった。十代のふたりは、それぞれの両親の操り人形にすぎないと思ったからだ。けれど、さらに反乱が起こると、ふたりが生きている限り、自分の王位は脅かされ続けることになると悟った。

ジェーンは処刑の知らせを静かに受け止めた。「命を長らえることは私の望みではありません……私にとって時はひどくおぞましいものでしたので、死こそ私の望むものです」。言い換えれば、「もううんざり」ということだ。

一五五四年、ジェーン・グレイは斬首刑に処せられた。悪行の数々を成したダッドリーだが、ひとつだけ正しいことを言った。メアリー一世は女王の座にいる間、プロテスタントの信者を数百人処刑したが、「ブラディー・メアリー（流血好きのメアリー）」というありがたくないあだ名をつけたのだ。

◉教訓

夫はもちろんのこと、夫の両親も慎重に選ぶこと。

1555

幽閉
カスティーリャ女王ファナ

カスティーリャの王女ファナは、アラゴンの国王フェルナンド二世とカスティーリャの女王イサベル一世との間にできた三番目の娘。すぐ下の妹はキャサリン・オブ・アラゴンで、ヘンリー八世に嫁いだものの離縁されてしまった。両親のフェルナンドとイサベルは探検家コロンブスに資金援助したことで有名になったが、ファナは夫への異常なまでの愛情ゆえに違った意味で有名になった。ファナは幼いころは穏やかな子で、後に「狂女ファナ」というニックネームをつけられるような激しいところはなかった。現代の精神科医なら、ファナのことを双極性障害（躁うつ病）とすぐに診断し、リチウムを処方しただろう。

一四七九年に生まれたファナは、両親の勢力拡大のために早くから政略結婚させられる運命だった。だから一六歳のときに、「美公」と呼ばれたブルゴーニュ公フィリップに嫁ぐために国を出ることになっても素直に従った。そして「美公」というフィリップの愛称が嘘いつわりのない

ものとわかると、ひと目で未来の夫に恋をし、激しい燃え上がるような愛情を抱いた。フィリップも同じ気持ちだったのか、ふたりは顔合わせしたその晩に結婚の許しを乞い、直ちに初夜を迎えた。

ファナとフィリップの生活は、セックスと喧嘩に明け暮れる毎日だった。フィリップは妻がベッドの中で情熱的であることを喜んだが、妻のスペインへの忠誠心、とくに両親の政治的駆け引きへの盲従には恐れを抱くようになった。一方、ファナは夫が自分に偉そうにふるまうのが嫌だったし、夫がほかの女性に好意を持つのが許せず癇癪を起こした。ある侍女は運の悪いことに、ファナに長い髪を切られてしまった。フィリップがこの侍女と寝たことを知ったからだ。ファナは切ったその髪を夫の枕の上に置いて、さりげなく警告した。またファナは惚れ薬や恋の呪文にも夢中になった。

ドラマチックなことはあっても、ファナは王族の妻としての義務を怠ることはなく、短い期間に次々と五人の子どもを産んだ。しかし、一五〇四年にファナの母親がこの世を去り、カスティーリャ女王の地位がファナに残されると、生活は一変した。ファナの父親、フェルナンド二世は、ファナの過激なふるまいを口実にして、ファナからカスティーリャ王国を奪おうとした。ファナは女王として抵抗したが、すぐにそれも意味がなくなった。一五〇六年、夫フィリップが二八歳の若さで突然病死し、ファナには味方になってくれる人がいなくなった。さらに、お腹には六番目の子どもがいた。

こうしたことが重なり、ファナの心は限界まで追い詰められた。ファナは悲しみのあまり正気を失った。フィリップの遺体をまだ生きているかのように抱きしめた。お腹が大きかったにもかかわらず、フィリップの棺《ひつぎ》に付き添ってグラナダの墓地に向かった。女の人がフィリップに誘惑されないように夜に移動すると言い張り、ときおり棺を開けて夫の遺体に触れた。ファナはこの旅の間に娘を出産し、イングランドに嫁いだ妹と同じ名前をつけた。

当然のことだが、父親のフェルナンドはファナの異常な行動を最大限に利用した。国のほうが娘よりもずっと大事だからだ。ファナは正気を失ったと宣言し、トルデシリャスのサンタクララ修道院の一室に幽閉した。ファナは死ぬまで出られなかった。

フェルナンドが亡くなると、ファナの息子カールがカスティーリャの王位を継いでカルロス一世になったが、カルロスは母親の幽閉を解くようなことはしなかった。母親の身の回りの世話をする人に次のような手紙を書いている。「あなたがたがすべき最善かつ最適なことは、誰も皇后陛下と話させないようにすることだ。皇后陛下と話しても、何もいい結果は得られない」

ファナは一五五五年に七五歳でこの世を去った。およそ五〇年にわたる幽閉生活だった。

◉教訓

狂人に理は説けない。

死に方いろいろ 《狂死》

不安定な支配階級の世界では権力を集中させることが、その地位を狙う者から王座を守る最善の方法だった。中でもいちばん簡単な方法は、一族で権力を抱えこむことだ。

そうした知恵を働かせた結果、王家の中に血縁関係が多数生まれた。古代エジプトでは兄は妹と結婚した。女神イシスが兄のオシリスと結婚した例から認められていたのだ。しかしヨーロッパでは、きょうだい同士の結婚は禁じられた。とはいえ、叔父は姪といそいそと結婚し、いとこ同士もそうだった。ラヴクラフトの怪奇小説を読んだことのある人なら、血族結婚によって精神不安定を含む多くの遺伝的問題が生じることを知っているだろう。

ところでファナは本当に正気を失ったのだろうか？　それとも夫と死別し、心に深い傷を負っただけなのだろうか？　ファナはスペイン・ハプスブルク家の一員だった。スペイン・ハプスブルク家といえば、血族結婚と精神に異常をきたした君主で知られている。ファナの曾曾曾孫にあたるカルロス２世は、明らかに知的障害者だったため、悪魔に「呪いをかけられし者」と呼ばれた。カルロス２世は輝かしいとは言いがたい治世の間、スペイン異端審問で最多数の異教徒を火刑に処した。一方、美貌の妻、マリー・ルイーズ・ドルレアンとの間に子どもを残すことができなかった。マリー・ルイーズは不可解な状況で命を落としたが、その話はまた別の機会に。

1572

ナバラの女王ジャンヌ三世（ジャンヌ・ダルブレ）

暗殺または不審死

弱小国の王女はたいていそうだが、ナバラの王女ジャンヌもまた政略結婚をさせられるために生まれてきた。ナバラはフランスとスペインという強大なカトリック国にはさまれていたため、フランスのカルヴァン派プロテスタント、つまりユグノーの避難場所となっていた。ジャンヌの父親は時間を無駄にすることなく、娘が一三歳になるとクレーフェ公ヴィルヘルムに嫁がせた。しかし、ほかの王女と違い、ジャンヌはひとり悩むようなことはしなかった。「私ことナバラの王女ジャンヌは、すでに申し入れた抗議を繰り返します。クレーフェ公との結婚は私の意に反するものであり、とうてい承諾できないことを今ここに申し立て、ふたたび抗議いたします……私は神様以外に訴えるべき相手を知りません」と手紙に書いた。

ジャンヌの祈りは天に届いたらしい。四年後に結婚は婚姻無効となった。自己主張する王女様は、フランスの王子、ブルボン公アントワーヌと再婚するときでさえ、神様の助けを忘れなかった。結婚当初、ふたりは幸せなカップルだった。五人の子どもを授かり、第一子の長男アンリがブルボン家を継ぐことになった。ふたりは静かに暮らしていたが、一五五五年、ジャンヌの父親がこの世を去るとナバラ王国の共同統治者となった。

女王となったジャンヌは、神様への感謝の気持ちを表す新たな方法を見つけた。カルヴァン派に転向し、それをナバラの国教にすると宣言したのだ。アントワーヌは妻の信仰を認めたが、スペイン王がカトリックのままでいれば見返りとしてサルデーニャ島を与えるとほのめかすと、ふたたびカトリックに戻った。その結果ふたりは別れ、お互いに反目し続けた。一五六二年、アントワーヌはフランス宗教戦争で戦死した。これはユグノー戦争とも呼ばれ、フランス国内のカトリックとカルヴァン派プロテスタント（ユグノー）との間で起こった戦争だ。

夫が亡くなると、ジャンヌ女王の前に新たな政治的かつ宗教的な敵対者が現れた。フランス王妃カトリーヌ・ド・メディシスだ。彼女は息子シャルル九世の摂政としてカトリック国フランスを支配していた。シャルル九世は精神的に不安定だったし、残りの息子もあまり好戦的ではなかった。カトリーヌは息子たちが世継ぎを残さずに死んだら、ジャンヌの幼い息子アンリがフランスの王位を継ぐことになり、恐るべきユグノーをフランスに連れ帰るだろうと危惧した。そこでお気に入りの黒魔術師ノストラダムスに相談してみると、アンリが国王になるだろうと予言された。予言を信じたカトリーヌは運命と闘うことを決意し、そのために陰謀、殺人、毒殺に進んで手を染めていった。ユグノー戦争開始時には、ジャンヌの支持者のひとりに香料を染み込ませたリンゴを与えたと告発された。彼の飼い犬がそれを食べた直後に死んだのだ。また、カトリーヌはジャンヌ暗殺も企てた。

毒殺も暗殺もうまくいかなかったので、カトリーヌは外交に頼ることにした。娘マルグリットとアンリとの結婚を、ジャンヌに持ちかけたのだ。ジャンヌは半信半疑だったので、「今冬に降った雪で作られた平和は……来るべき夏の暑さで溶けてしまうでしょう」と答えた。けれど、カトリーヌが戦争を終わらせるために宗教的寛容策を採《と》ると約束したので、しぶしぶ承諾した。

ジャンヌはアンリが結婚する二か月前の一五七二年に、パリで不審死した。四四歳のジャンヌ女王は肺結核を患っていたと解剖報告されたが、カトリーヌがジャンヌに毒を染みこませた手袋、たぶん結婚式用の手袋を贈ったという噂が飛びかった。

◉教訓

うますぎる話には気をつけろ。

1587

斬首

スコットランド女王メアリー

メアリー・ステュアートは「スコットランド女王メアリー」のほうがよく知られているが、生まれたときにすでにツーストライクを取られていた。そのせいでメアリーは早死にする運命だった。

ひとつ目のストライクは、親族にエリザベス一世がいたことだ［メアリーはヘンリー八世の姉マーガレットの孫］。エリザベスは何年にもわたる血みどろの宗教戦争の末にイングランドを支配した。そのエリザベスはプロテスタントだが、メアリーは敬虔なカトリックだった。これがふたつ目のストライク。メアリーがカトリックであることは、カトリック王国を待ち望んでいたスコットランド国民にとって、女王選びの際の魅力的な要素になった。当然のことながら、エリザベスはメアリーを警戒し、寄せつけなかった。

メアリーの一生は悲劇的ではあったが、同時に華やかでもあった。スコットランドのジェーム

ズ五世のひとり娘として、一五四二年一二月のある日――聖マリアの祝日［メアリーの誕生日である一二月八日は、カトリック教会では聖母マリアがその母、聖アンナの胎内に宿ったことを記念する「無原罪の聖マリアの祝日」にあたる］に生まれた。これを吉兆だととらえた人もいたが、メアリーの父親はそうは思わなかった。そして事実、父のジェームズ五世はメアリー誕生の一週間後に急死し、メアリーは揺りかごからスコットランドを統治する羽目になった。一歳の誕生日を迎える前から女王になってしまったのだ。

幼い女王の治世は、初めから騒動が絶えなかった。南を接する隣国イングランドの、結婚を繰り返すヘンリー八世は息子のエドワードをメアリーと結婚させ、ふたつの国を統合しようと考えた。彼は武力を背景に結婚を迫った。イングランド軍がスコットランドの国境に迫ると、五歳のメアリーはフランスに逃れた。そしてそこで、『愛しすぎる女たち』（一九八五）［ロビン・ノーウッド著］の一六世紀版ケーススタディーとなった。

メアリーはその美貌、知性、人柄のよさで有名だった。カトリーヌ・ド・メディシスの夫であるフランス国王アンリ二世は、これほど愛らしい子どもは見たことがないと、四歳になる息子の皇太子フランソワと婚約させ、フランスとスコットランドを統一して強国にしようとした。王族の子どもたちはフランスで一緒に育ち、互いに好意を持つようになった。ふたりは一五五八年に結婚したが、そのときメアリーは一五歳だった。

けれど、幸せな結婚生活は長続きしなかった。一五五九年、アンリ二世が急死し、フランソワとメアリーはフランス国王と王妃になった。ところが一年もしないうちに、フランソワは耳の感染症で病死した。傷心のメアリーは愚かにもスコットランドに帰国することを決意する。スコットランドはまだ危険だというのに。

メアリーが一〇年間フランスで暮らしていた間に、ヘンリー八世は亡くなり、イングランドはさまざまな宗教を信じる王族が次々と王位を継いだ。最後に、メアリーの親族でプロテスタントのエリザベスが王座に就いた。その結果、イングランドの女王の座がスコットランドの女王に奪われるようなことはなくなった。

> **名言録**
>
> もう泣くのはおしまい。復讐を企てないと。
>
> ――メアリー・ステュアート

メアリーは自分の身を守るために、ダーンリー卿ヘンリー・ステュアート［メアリーと同じくヘンリー八世の姉マーガレットの孫で、有力なイングランドの王位継承者］と結婚した。ダーンリー卿はカトリックだったにもかかわらず、彼との結婚はメアリーに平穏な生活をもたらしてはくれなかった。結婚によってふたりはエリザベスに次ぐ王位継承者となり、エリザベスをいら立たせる結果になったのだ。一方ダーンリー卿はメアリーにいばり散らし、自分は女王の配偶者以上の存在であることを示そうとした。またメアリーと秘書官が親しげなことに嫉妬するようになり、メアリーが六か月の身重のときに秘書官殺害を計画した。息子ジェームズが誕生してまもなく、ダーンリー卿の絞殺体が屋敷の庭園で発見された。

その殺害については、メアリーの関与を口にする者もいれば、プロテスタントのボスウェル伯爵ジェームズ・ヘプバーンが首謀者だと考える者もいた。ダーンリー卿の死後間もなく、ボスウェル伯爵は八〇〇人の援軍を得てメアリーを誘拐した。当然の結果として、ふたりは結婚し、プロテスタントの誓いによって絆は強固なものになったが、そのせいでスコットランドの政情はさらに不安定になり、メアリーはとうとう退位した。エリザベス一世の同情を乞おうと、メアリーは一五六八年にイングランドに向かい、プロテスタントのスコットランド人貴族に愛しい幼子のジェームズの養育を託した。ところが、願いも空しくメアリーはイングランドでエリザベスに軟禁されてしまった。エリザベスは一九年間もメアリーの刑の執行をためらっていたが、ついに斬首刑を命じた。メアリーはまだ四四歳だったが、人生の半分近くは囚われの身だった。

最後まで女王らしくふるまおうと、メアリーは芝居がかったことをした。赤いシュミーズ（ワンピース型下着）の上に豪華な黒のドレスを着た――赤はカトリック教会では殉教の色だった。死刑執行人が斬首台に向かわせるためにメアリーの黒のドレスとペチコートを脱がせると、赤いシュミーズが現れて執行人を驚かせた。するとメアリーは、「あのような人たちに服を脱ぐ手伝いをしてもらったことはありませんし、あのような人たちの前で脱いだこともありません」と軽口をたたいた。

処刑人がメアリーの首を切断するのに、三回も斧を振り下ろさなければならなかった。最初の一撃後、メアリーが「ああ、神様」とつぶやいたのが聞こえたそうだ。処刑後、エリザベス一世はメアリーの私物をすべて焼くように命じた。誰かが聖遺物として持ちださないようにするためだ。

◉教訓

ファミリービジネスでは親族を尊敬すべし。

その後のお話

最後に笑ったのはメアリーだった。エリザベスは権力を守るために結婚もせず、世継ぎも残さなかった。エリザベスに最も近い親族はメアリーの息子ジェームズで、彼は1歳のときにスコットランド国王の座に就いた。1603年、エリザベスが息を引き取ると、ジェームズがイングランド国王ジェームズ1世となり、ふたつの国を統一し、プロテスタントが大いに栄えた。だがジェームズの不人気な政策のせいで結局は清教徒革命が起こり、息子チャールズ1世が立ち向かうことになる。エリザベス1世の黄金時代も、もはやこれまで！

1631

出産時死亡

ムガール帝国王妃ムムターズ・マハル

こんなことわざがある——「誰かを愛したら、その人を自由にしてあげなさい。その人があなたを心から愛していれば、戻ってくるだろうから」。インドの王妃ムムターズ・マハルの場合、夫であるムガール帝国皇帝シャー・ジャハーン一世の愛のこもった抱擁から自由になれたのは、この世を去ったときだった。ムムターズが夫のもとに戻ることができなかった理由は言うまでもない——遺体になったら墓場で朽ち果てるしかないからだ。そこでシャー・ジャハーンは妻を失った悲しみを利用して、世界一すばらしい墓廟を建てて妻を記念することにした。

ムムターズについては、ムガール帝国皇帝シャー・ジャハーンがロマンチックで献身的な愛情を抱いた王妃であること以外、あまり知られていない。ムムターズの本名はアルジュマンド・バーヌー・ベーガムといい、一五九三年に生まれた。シャー・ジャハーンは一六一二年にムムターズと式を挙げた後、「ムムターズ・マハル」という称号を与えた。これはペルシア語で「宮殿に選ばれし者」という意味だ。君主である以上一夫多妻制は慣習上必要だったので、シャー・ジャハーンにはほかに妃がいたが、かえりみられることはなかった。ムムターズが寵妃として飛び抜けていたからだ。当時の宮廷史家は、このカップルの性的な結びつきは非常に強かったと記している。それは特筆すべきことで、古代インドの性典『カーマスートラ』の教えに基づき、セックスが円熟した文化であることを考えるとなおさらそうだ。

激しい情熱の成せる業か、ふたりは一三人の子どもを授かった。だが一四番目の子どものときは運が悪かった。一六三一年、ムムターズは娘を出産したがそのまま帰らぬ人となった。享年三七歳。シャー・ジャハーンとは一九年にわたる結婚生活だった。シャー・ジャハーンは悲嘆にくれ、ムムターズの死後三四年生きたが、二度と女性を抱かなかったそうだ。

死を前にしたムムターズの最後の望みは、シャー・ジャハーンにふたりの永遠の愛をとどめる記念碑を建ててほしいということだったと伝えられている。けれど皮肉屋なら、ついこんなふうに考えてしまうだろう。皇帝の悲しみを和らげるには高すぎる出費だ、という批判をそらすために皇帝自身が広めた噂じゃないだろうか、と。何しろ、タージ・マハルの建設には三二〇〇万ル

タージ・マハル

タージ・マハルは15年以上の年月をかけ、建築家を多数使って建てられた「現代の世界七不思議」のひとつである。それはムムターズが愛した庭園のそばに建っている。シャー・ジャハーンは墓廟建設中、気に入らない建築家を処刑したという噂があるが、定かではない。

ピー以上もかかった。悲しみを癒すセラピー・セッションとしては史上最高額だろう。
ムムターズの遺体は今もなおタージ・マハルにある――永遠の愛と荘厳な建築物の証《あかし》として。

◉教訓

愛は死人を生き返らせることはできないが、偉大な芸術を生み出すことはできる。

第４章のおさらいクイズ

1　ヘンリー８世のたび重なる結婚は何を残したか？

A　職場恋愛の容認。

B　タミー・ウィネットの「ディヴォース（離婚）」という歌。

C　ひだ襟――死刑執行人の斧をかわすのに最適。

D　殉教者が集まるための真新しい教会。

2　ジェーン・グレイとナバラの女王ジャンヌ３世の共通点はなに？

A　カトリックは真の信仰ではないと思った。

B　支えてくれる両親がいた。

C　９日間だけ国を統治した。

D　カトリーヌ・ド・メディシスの大親友だと公言した。

3　なぜメアリー・ステュアートはエリザベス１世と仲が悪かったのか？

A　ふたりは親族で、同じファミリービジネスに携わっていたから。

B　宗教的な相違から。

C　ふたりはシェイクスピアの詩の韻をめぐって意見が一致しなかったから。

D　エリザベスは、メアリーが王座の間のカーテンの寸法を測ろうとしていると疑ったから。

4　なぜカスティーリャの女王ファナは正気を失ったのか？

A　血族結婚による心労。

B　夫のせいで熱くなったり、思い悩んだりした。

C　未亡人生活のストレス。

D　父親が自分勝手で、見て見ぬふりをした。

5　ムムターズ・マハルについてどれが正しい？

A　夫はムムターズのことを飛びきりすばらしい女性と思った。

B　ムムターズ・マハルという名前は両親がつけた。

C　ムムターズはどうしても妊娠することができなかった。

D　ムムターズは死ぬ前にタージ・マハルを設計した。

◉解答

1　D。アメリカのカントリー歌手タミー・ウィネットは 1942 年生まれ。ヘンリー8 世の治世から約 400 年後。

2　A。とはいえ、ジェーンだけが信仰のために死んだ。

3　D 以外すべて正解。メアリー・ステュアートは王族としてたいへんな経験をした。

4　すべて正解。女王ファナの人生は、正気を失わざるをえないようなつらいものだった。

5　A。ムムターズへの夫の献身的な愛情は、平均をはるかに超えていた。

第5章

いざ、バロック

私は女王でした。するとあなたがたは私から王冠を取り上げました。私は妻でした。するとあなたがたは夫を殺しました。私は母親でした。するとあなたがたは私から子どもを奪いました。もう私には命しか残されていません。さあ、それを奪いなさい。でも長く苦しまないようにしてください。

――マリー・アントワネット

ヘンリー八世とその一族に信奉された斬首刑は、結果的にはとても邪悪な力に取って代わられた。ジャン＝ジャック・ルソーの哲学だ。ルソーは一七一二年、スイスで生まれた。メアリー・ステュアートが赤いシュミーズ（ワンピース型下着）で死刑執行人たちを驚かせたときから一世紀以上も経っていた。ルソーは多くの作品を生み出したが、当時の人々は欲しいものは何でも彼の言葉の中にあると思いこんだ。広く読まれたルソーの作品には、恋愛小説の『ジュリまたは新エロイーズ』や自伝『告白』があるが、中でも王族にとって最も迷惑だったのは政治思想で、国家の主権は人民の意思にあるという過激な考えを示した。ナポレオンはルソーのことを「この男がこの世に存在しなかったら、フランスはもっと平和だったろうに」と述べたそうだ。

フランスでは、革命の指導者ロベスピエールもルイ一六世の王妃マリー・アントワネットも、ルソーの言葉にうっとりした――まったく違う理由で。マリー・アントワネットには、この哲学者の自然への憧憬は陰謀だらけの宮廷生活からの解放に思えた。そこで王妃はおもちゃの村、つまり「王妃の村里《プチ・アモー》」を作り、友人と一緒に田舎暮らしを満喫した。ロベスピエールはどうしたかというと、ルソーの有名な言葉、「人間は生まれながらにして自由である。しかし、いたるところで鉄鎖につながれている」を王族殺害への勧誘ととらえた。一方デンマークでは、ルソーの作品が王妃カロリーネ・マティルデの愛人に政府改革を促し、やがてそれが王妃の退位へとつながった。

この激動の時代は、マリー・アントワネットの処刑で幕が下りた。彼女は「王妃の村里」で農民ごっこをした、まさにその農民の手によって処刑された。王妃の処刑によって、ギロチンは個人的な脅威からファッションによる自己主張へと格上げされた。貴族の女性は小さなギロチンが目立つように耳たぶや首を宝石で飾ったり、首に赤いリボンを巻いたりして刑に臨んだ。

民衆から「マダム・ギロチン」と呼ばれたギロチンは、恐怖劇で有名なパリのグランギニョル劇場を髣髴《ほうふつ》させるような時代を支配したが、王族の女性はわけのわからない病気や血族結婚の弊害や投獄や飢えで亡くなることが多かったというのが現実だ。そして相変わらず、出産時死亡も多かった。

1673

出産時死亡
マルガリータ・テレサ・デ・エスパーニャ

絵は時代のある瞬間をとらえるが、絵が語る物語ははっきりしないことが多い。たとえば、ベラスケスの代表作「ラス・メニーナス」は、西洋絵画の最高傑作のひとつとみなされているが、その絵の意図するところは、四百年近く経った今でも議論されている。それはスペイン王室の非公式の肖像画なのか？　宮廷生活への当てこすりなのか？　あるいは、観察するとはどういうことかを考えさせようとしているのか？　そうした説では、作者についてと同じくらい絵の鑑賞者についても問題にしている。とにかく、ひとつだけ言えることは、「ラス・メニーナス」では、とても冷静な五歳の王女、マルガリータ・テレサ・デ・エスパーニャがセンターにいるということだ。

マルガリータの光沢のある金髪の肖像画を眺めれば、王女の未来は栄誉と至福の年月になると誰もが想像するだろう。だが現実はその通りにならなかった。マルガリータは老いることも、美

貌に陰りが出てきたのを嘆くこともなかった――二一歳の若さでこの世を去ったのだから。スペインのフェリペ四世の愛娘にしては悲しい結末だった。フェリペ四世は書簡で、マルガリータを「わが喜び」と呼んでいた。

マルガリータ・テレサは一六五一年にフェリペ四世と二度目の妻、マリアナ・デ・アウストリアとの間の第一子として生まれた。マリアナはフェリペの姪にあたり、三〇歳くらい若かった。マルガリータは、やがて生まれてくる弟妹とは違い血族結婚の弊害をまったく受けることなくこの世に誕生した。そして幼いころから、神聖ローマ皇帝レオポルト一世との結婚が決まっていた。この結婚は両親のときよりもずっと血のつながりの濃い血族結婚といえた。レオポルトはマルガリータの母方の叔父であり、父方の従兄妹だったからだ。レオポルトとマルガリータが一一歳しか年が離れていなかったのは幸いだった。

ふたりは結婚式で初めて顔を合わせた。そのとき、マルガリータは大人っぽい一五歳の少女、レオポルトは二六歳の青年だった。幸せなことに、マルガリータに対するレオポルトの熱い炎のような想いは、ベラスケスによって焚きつけられた。ベラスケスは宮廷画家として、「ラス・メニーナス」のほかにもこのスペインの王女の肖像画を何枚か描いていた。これらの絵はマドリッドからウィーンにある神聖ローマ帝国の宮殿に送られ、レオポルトは未来の皇妃が成長していく姿をはるか遠くから眺めていた。

年の差はあったが、マルガリータとレオポルトはとても仲がよかった。ふたりはともに芸術を愛し、相性もいいように見えた。王室同士の結婚ではありえないことだった。結婚後、次々と子どもを授かったが、マルガリータは四人目の子どもを出産してまもなく、帰らぬ人となった。四人のうち長女のマリア・アントニアだけが成人し、あとの三人は赤ん坊のうちに亡くなった。

◉**教訓**

絵は物語を語ってはいるが、真実を明らかにしているとは限らない。

ベラスケスの「ラス・メニーナス」

ディエゴ・ベラスケスは1656年に「ラス・メニーナス」を描いた。「ラス・メニーナス」とは、絵の中でマルガリータに仕える侍女たちのことだ。絵には小人も描かれ、その身長は着飾った幼い王女とほぼ同じだ。ベラスケスは絵の左部分に自分自身の姿を描いている。バロック期の画家ルカ・ジョルダーノは「ラス・メニーナス」を「絵画の神学」と称賛した。

1689

病死

マリー・ルイーズ・ドルレアン

痛ましい結果に終わったが四人の子を産んだ皇妃マルガリータ・テレサは、その点でも弟カルロス二世と著しい対比をなしている。この姉弟は同じ両親から生まれたにもかかわらず、両親の血族結婚がもたらした弊害はすべてカルロスに出てしまった。末端肥大症のせいでカルロスの頭と顎はひどく歪んでいたので、一四人の乳母の乳を飲んで生きていくしかなく、ようやく五歳になって普通に食べられるようになったそうだ。また幼いころは赤ん坊のように抱えられて運ばれ、自分で歩いたのはだいぶ大きくなってからだ。さらに、軽い知的障害があった。それでもカルロスは父親のフェリペ四世が一六六五年に亡くなると、四歳でスペイン国王カルロス二世になった。母親の指導がなければ統治できなかったにもかかわらず、世継ぎを期待された。もしカルロスの生殖器が体のほかの部分と違っていたら、期待に応えられたかもしれない。

フランスの名高い太陽王、ルイ一四世は美しく陽気な姪、マリー・ルイーズ・ドルレアンを障害のあるカルロスと結婚させようとしたとき、いったい何を考えていたのだろう？　姪の個人的な幸福より政治的な利益を優先したのは間違いない。ルイ一四世はこの縁組はすでに決まったことだと姪に告げ、自分の娘だったらこれほどのことはしなかっただろうと言った。するとマリー・ルイーズは「でも伯父様は、姪ならなさるのね！」と言い返したと伝えられている。マリー・ルイーズは結婚に消極的だったが、カルロス自身が乗り気だったため、話はどんどん進んでいった。婚約者の魅力的な肖像画を見て夢中になってしまったのだ。

一六七九年のカルロスとマリー・ルイーズの挙式は、宗教裁判でクライマックスを迎えた。百名以上の、異端者と思われる者が裁かれるか、処刑されるかした。実りある結婚を願って、神様のご機嫌取りをしたのだろう。だが効果はなかった。式が終わりふたりは肉体的に結ばれたが、マリー・ルイーズの子宮は空のままだった。ふたりは天に向かって世継ぎを授かりますようにと強く祈った。

子どもができないことへのプレッシャーとスペイン王室の堅苦しさのせいで、マリー・ルイーズは沈みがちになり、異常に太っていった。そして二七歳のとき、二日間腹痛に苦しんだ後、急死してしまった。盲腸だった可能性が高いが、義母に毒殺されたのではないかと疑う者がいた。新しい王妃を迎えれば、息子をなだめすかして世継ぎを作らせることもできるのではないかと考えたのだろう、というのだ。マリー・ルイーズの最期の言葉は、「陛下はまた王妃を迎えられるのでしょうが、私以上に陛下を愛する人はいません」だった。

カルロスは王妃の突然の死に打ちのめされた。とても素直だったカルロスは、マリー・ルイーズのことを心から愛し尊敬していた。曾曾曾祖母にあたるカスティーリャ女王ファナにならって、妻の亡骸が見られるように棺を開けておくように命じた。だが、いつまでも嘆き悲しんでいることはできなかった。半年もしないうちに新しい王妃を迎えたが、その王妃もまた——驚くことなかれ——懐妊することはなかった。カルロスは、自分の数々の病気の原因はただひとつ——悪魔の呪いだと結論づけた。

一六九八年、カルロスはあるエクソシスト（悪魔祓い師）に相談した。学識あるエクソシストはなんと答えたのだろう？　カルロスが子どものころに母親である皇太后が持ってきてくれた、就寝前の一杯のチョコレートに魔法がかけられていたせいだと彼は答えた。呪いを解く儀式が行なわれたが、状態は悪化する一方だった。結局、悪魔祓いの儀式は、血族結婚という遺伝的弊害を取り除くことはできなかった。二年後、カルロスのこの世の不幸は終わりを告げた。

カルロス二世はスペイン・ハプスブルク家の最後の国王だったので、生前、王位継承者を指名していたが、その名を聞いてマリー・ルイーズの伯父は喜んだに違いない。スペイン国王の座は、ルイ一四世の孫アンジュー公フィリップに譲られたからだ。

◉教訓

良い種子のときのみ、良い土壌となる。

1704

修道院送り

ソフィア・アレクセーエヴナ

ソフィア・アレクセーエヴナはモスクワ大公国の君主《ツァーリ》の娘として生まれたため、孤立した、子どもを残すことができない存在として運命づけられた。ツァーリの娘であるがゆえに、低い身分の者との結婚は禁じられ、誰もソフィアを妻に迎え母親にすることはできなかった。またその身分のせいで、赤い絹のカーテンの奥から謁見するとき以外は宮殿の一画にある豪華な部屋から出られなかった。［一七世紀ロシアの女性王族は厳しい規則のもと、外界から隔離された生活を送っていた］。いずれにしろ、ソフィアは誕生と死亡時しか国民の話題にのぼらないような、退屈な人生を送るはずだった。だが、ソフィアは普通のロシア女性ではなかった。それどころか、並はずれた知性を駆使し、野望を抱いてロシア初の女帝になった。

一六五七年、ソフィアはモスクワ大公アレクセイ・ミハイロヴィッチと最初の妻マリアとの間に生まれた。成人できた娘はソフィアだけだった。ソフィアはあのピョートル大帝の異母姉にあ

たり、ピョートルは父親の再婚相手ナタリアの息子だった。ソフィアには、ほとんどのロシア女性にはない特筆すべき点がひとつあった。世界最高レベルの教育を受けたことだ。どうにか父親を説得して、ソフィアは病弱な王位継承者の弟フョードルと一緒に講義を受けた。イヴァンとピョートルのふたりの弟はないがしろにされていたが、それは継承順位が低かったからだ。

ソフィアの聡明さは人目を引いた。修道士でもある学者のセミョン・ポロツキーは、ソフィアには「成熟した男性の知性」——最高の褒め言葉だ——があると述べた。ソフィアは権力を握るために、制約ずくめの世界で些細だが重要な意味を持つ方法で反乱を起こした。議会に出席して、政界の有力貴族に紹介されたのだ。一六七六年に父親が亡くなると、フョードルが王位を継ぎ、ソフィアは弟のいちばんの相談相手となった。

ところがフョードルは長く生きられず、一六八二年に二〇歳で病死。三男の一〇歳になるピョートルが、次弟イヴァンを飛び越えて王位に就いた。イヴァンはフョードル同様、病弱で、さらに目も悪かった。策士のソフィアは、ピョートルの母方の親戚がフョードルに毒を盛ったと言いふらし、軍隊を扇動して反乱を起こさせた。ソフィアはそれに乗じて王座を占め、イヴァンとピョートルが成人して共同統治できるようになるまで、ふたりに代わって統治すると宣言した。

ソフィアは摂政として幸せだったが、それも一六八九年にピョートルが一七歳になるまでのことだった。嵐のような権力闘争の後に王座を明け渡すと、修道院に安らぎの場所を求めた。けれど、ソフィアへの支持はピョートルの治世になっても衰えることはなかった。一〇年後、ピョートルが国を留守にした隙に、ソフィア支持者は彼女を復位させようとした。しかしクーデターはすぐに鎮圧されてしまった。見せしめのために、処刑された反乱者の遺体は修道院のソフィアの部屋から見えるところにつるされた。

　すべてを察したソフィアは、己の身を守るために修道女になった。今回は、王女にふさわしい唯一の伴侶——キリストの花嫁になることを止めるものは何もなかった。ソフィアは死ぬまで孤独な隠遁生活を送った。

ロマノフ家の家系

皇帝として君臨するまでのピョートルの道のりは危険に満ちていた。ひとつは、聡明すぎる異母姉ソフィアが原因だった。ピョートルは彼女を修道院に押しこんで報復した。

ロシア大公
アレクセイ・ミハイロヴィッチ
在位 1645—76
↓
フョードル３世
在位 1676—82
↓
ソフィア・アレクセーエヴナ
在位 1682—89
↓
ピョートル１世——イヴァン５世
共同統治 1682—96
↓
ピョートル１世
在位 1682—1725

◉教訓

最適任者が、必ずしもその地位を得られるとは限らない。

1704

餓死

マンガマル

小説『風と共に去りぬ』で、レット・バトラーは喪服姿のスカーレット・オハラに「ひっそりと喪に服さなければならないなんて、ヒンドゥー教のサティー（寡婦殉死）と同じくらい野蛮なしきたりだ」と言った。スカーレットのほかにも、レットの意見に賛成していた女性がいた――マンガマルだ。実際、彼女はまれに見る女性で、夫である南インドのマドゥライ・ナーヤカ王国の君主、チョッカナータ・ナーヤカの死後、夫の火葬の薪の上で妻が焼身自殺するヒンドゥー教徒の習慣、サティーを拒んだのだ。それどころか、一七世紀のインドの未亡人には考えもつかないようなことをした。夫の王冠をかぶってみたら、ぴったりだったのだ。

マンガマルは支配階級の家に生まれ、父親はナーヤカ軍の将軍だった。国王は彼を高く評価していたから、妃のひとりにマンガマルを迎えたのだろう。一六八二年、国王が失意のうちに亡くなると、マンガマルとの間にできた息子が即位したが、そのわずか七年後に早世した。ただひと

サティー

「サティー」は、夫を亡くしたヒンドゥー教徒の妻が夫の火葬用の薪の上で焼身自殺する宗教的儀式で、直訳すれば「貞淑な女性」という意味になる。夫に殉ずることによって、妻はふたりの罪をあがない、自分自身を神格まで高めるのだ。

サティーはそもそもヒンドゥー教徒の高位のカーストの女性（たとえば、僧侶、王族、士族出身者）が行なっていたが、古代のギリシア、エジプト、北欧諸国にもあった慣習だ。1829 年に廃止されたが、いまだに物議をかもしている。1987 年、18 歳の未亡人ループ・カンワールは花嫁衣装に身を包み、進んでサティーを行なった［強要されたという説もあり、逮捕者も出た］。

りの世継ぎである幼い孫息子が残されたが、王妃は母親であることより、殉死を選んだ。

ほかに適任者がいなかったのでマンガマルが孫息子の摂政女王となり、孫息子が成人したときに王位を譲ることで合意した。家臣が驚いたことに、マンガマルはやる気満々でこの大役に臨み、大成功をおさめた。マドゥライの国民は女性が国をおさめることに初めは反発したが、マンガマルは鋭い政治感覚で統治し、国民からとても支持された。インフラを整備し、道路や寺院をたくさん作った。そのうちのひとつは現在もなお、ガンディー博物館として残っている。彼女の功績をたたえて、マンガマルという名の町がたくさんできた。また戦時には、有能な司令官であることも証明した。

しかし、彼女の黄金時代は長く続かなかった。一七〇四年、孫息子が成人しても、マンガマルは退位しようとしなかった。要するに、彼女は一流の仕事をやり遂げたかったのだ。「私はすば

死に方いろいろ　《餓死》

「食物の不足＝生存の危機」であることを、人間は昔からわかっていたに違いない。だから、文明のはじまりとともに、餓死は処刑方法として使われてきた。古代ギリシア・ローマ時代には権力者の間でとくに好まれ、面倒な親族や、女神に仕える偽りの処女を殺害する慎重な方法と考えられた。マンガマルのケースのように、政治的対立があっても、誰かを牢に閉じこめ鍵を捨ててしまうだけで簡単に解決できた。厄介な公開裁判も処刑もない――遺体を真夜中にそっと片付けるだけでいい。

詩人ダンテは『神曲』の地獄篇第33歌で、餓死について述べている。ウゴリーノ伯爵はピサの町を裏切った罪で子や孫とともに投獄された。息子たちは、ウゴリーノの飢えを癒すために自分たちの肉体を差し出した。「父上、私たちを食べて、私たちの苦しみを和らげてください。父上自身がこの哀れな肉体をくださったのですから、その肉体を奪ってください」。ウゴリーノ伯爵は息子の気前のいい申し出を受け、ダンテの地獄の中で特別な位置を占めた。

らしい業績を残してきたのに、なぜ自分より能力の劣る者に権力を譲らないといけないのかしら？　たとえ、それが自分の血を分けた孫だとしても」というのが、彼女の言い分だったのだろう。

結局、マンガマルの肉体は、サティーの炎ではなく、飢えで滅んだ。孫の国王と配下の将軍は彼女を宮殿の牢獄に閉じこめ、二度と面会しなかった。多くの記述が、マンガマルは獄中で餓死したと伝えている。

◉教訓
引き際が肝心。

1775

離婚／婚姻無効

カロリーネ・マティルデ

カロリーネ・マティルデはイングランド国王ジョージ三世の末の妹。きょうだいの父親はカロリーネが一七五一年に誕生する数か月前に亡くなったので、兄は妹を育てる責任を負わされた。カロリーネが子どもを産めそうな年齢――一六歳になると、ジョージ三世は妹をデンマーク王妃にするために動き出した。運の悪いことに、デンマークには、つまり婚約者のクリスチャン七世には何かよからぬことがあるとわざわざ知らせてくれる人はひとりもいなかった。

幼いころから、クリスチャンには奇妙なところがあった。ほかの子どもはおもちゃで遊んでいるのに、彼は自分の手をじっと見つめるだけだった。完璧な肉体でなければならないと思いこみ、人前でも裸になって腹が出ていないかチェックした。成長するにつれて奇行はさらにひどくなった。犯罪者のふりをしたり、変装して街に出て喧嘩をしたり、売春婦と倒錯したセックスをすることもあった。意味不明なことを口走り、自殺や殺人について大声でわめいた。

要するに、クリスチャンはすっかり頭がいかれていたのだ。こうしたことはそれほど問題にはならなかっただろうが、デンマーク王になりたくないとなったら話は別だ。

ここでカロリーネの登場だ。彼女は兄がお膳立てしたぞっとするような結婚にさぞ驚いたことだろう。けれどカロリーネはイングランドに逃げ帰らずに——腹が立ちすぎてそんな気も起きなかった——進んでデンマークを受け入れ、摂政になった。国王クリスチャン七世は彼女が国を乗っ取っても気にもしなかった。それどころか、その状態を気に入った。それは彼の女性上位への憧れ——失意の取り巻き連中にならわかってもらえること——を刺激した。

面倒なことは多々あったが、カロリーネは王妃としての義務をおろそかにすることはなかった。クリスチャンの後継者となるフレデリクを懐妊し、一七六八年に出産した。クリスチャンは世継ぎを得たことで、国王としての義務を果たしたと考えたようだ。カロリーネは放っておかれるようになり、やがて気ままに自分の楽しみを追うようになった。クリスチャンの侍医であるヨハン・フリードリヒ・ストルーエンセに恋をし、あっという間に関係を結んだのだ。ふたりの熱烈な情事は公然の秘密となったが、クリスチャンは気づいていなかったのか、まったく気にもかけていなかったのか、いずれにしろ無関心だった。カロリーネがストルーエンセの子どもを産んだときも驚きはしなかった。もっともカロリーネは国王の娘だと言い張ったが。

デンマークの恋人たちはいつまでも愛をささやき合っていられたのだろうが、ストルーエンセはそうせずに、カロリーネにルソー的な考えを吹きこんだ。ストルーエンセは自分のことを哲学者的な人文主義者と思いこんだ。国王に統治能力がないのをいいことに、王妃とともに自分の立場を利用してルソー以上に過激な考えをいくつか法制化し、事実上の国家元首になった。

デンマークの国民は面白くなかった。一七七二年、カロリーネ＝ストルーエンセ体制を打倒すべくクーデターが起こった。首謀者はクリスチャンの継母である皇太后ユリアーネ・マリーだった。彼らは計画がばれないように仮面舞踏会でのショーを利用した。カロリーネはワインとショーの歌にうっとりして、何が起きているのか気づかなかった。そして気づいたときはもう遅かった。その晩カロリーネとストルーエンセは捕らえられ、二度と再会することはなかった。

カロリーネはヘルシンゲルの町にあるクロンボー城に監禁された。子どもは取り上げられ、クリスチャン七世との婚姻は解消された。ストルーエンセの運命はもっと悲惨だった。反逆罪で有罪となり、斬首後、内臓を取りだされ、体を四つ裂きにされた。

結局、カロリーネは監禁を解かれた。彼女は故郷のイングランドに帰らず、ドイツのツェレに落ち着いたが、デンマークに戻り、王妃の地位と子どもを取り戻そうと画策した。だが悲しいかな、カロリーネは一七七五年に猩紅熱《しょうこうねつ》で帰らぬ人となり、計画はすべて頓挫した。気の毒なことに、屋敷に医者がいなかったのだ。

◉教訓

かかりつけの医師に慰め役を求めるべからず。

1793

斬首
マリー・アントワネット

大事なことから先に片付けよう。マリー・アントワネットは「(パンがないなら)ケーキをお食べなさい」とは言っていない。これは、百年ほど前のフランス王妃——太陽王ルイ一四世の妃マリー・テレーズの言葉だ。一七六七年ころ(当時マリー・アントワネットはドイツ語を話すオーストリアの一二歳の無垢な少女だった)、この言葉は人々の間で繰り返し口にされ、哲学者のルソーも『告白』の中に引用したほどだった。「私はさる大公夫人の不注意な発言を思い出した。彼女は農民には食べるパンがないと知らされると、『ならば、お菓子をお食べなさい!』と答えたそうだ」。

けれど、そうした事実があっても、一八世紀のフランス国民を思いとどまらせることはできなかった。彼らは「ケーキをお食べなさい」のケーキを「毒入りスフレ」まで誇張し、マリー・アントワネットのダイヤモンドで飾った喉に無理やりそれを詰めこもうとした。実際のところ、人は激動の時代にはスケープゴートを求めるものだ。マリー・アントワネットは、たまたまフランス革命時代にいた「セクシーな女性」にすぎないのだ。

彼女の肩を持つわけではないが、マリー・アントワネットが生きた時代は、神であるかのように夫に従い、エバであるかのように子どもを産み、農民に食べるパンがないときでも貴族はケーキを食べるものだと思われていた時代なのだ。それはすべて神意だった。

マリーは一七五五年にたいして注目されることなく生まれた。何しろオーストリア皇后マリア・テレジアの一五番目の子どもだ。マリア・テレジアはこの美しい皇女をオーストリアの銘菓リンツァートルテに仕上げ、ヨーロッパの王女というお菓子の棚に並べようとした。そしてぐずぐずしているうちにお菓子の賞味期限が切れたりしないようにした。マリーが一七七〇年に初潮を迎えると、その二か月後にはルイ・オーギュスト、未来のフランス王に嫁がせた。まだ一四歳だった。

マリーは洗練されたフランス宮廷になじもうと彼女なりに努力したが、準備不足だった。マリア・テレジアはマリーのやる気のなさを見てさらにフランス史を勉強させ、フランスに嫁いでフランスのために子どもを産むように諭した。「おまえの立場の重要さを考えれば、姉妹の中で、そしてヨーロッパ中の王女の中でおまえほど幸福な女はいないのですよ」

けれどマリーにとって幸福は捕まえにくいものだった。夫に気に入られようと彼女なりに努力はしたのだが。ルイ・オーギュストは皇太子だったかもしれないが、豚のような顔立ちのオタクで、セックスよりも狩りや大工仕事が好きだった。ふたりは式を挙げたものの七年間は肉体関係がなく、その間マリーは宮廷の悪意に満ちた噂話や無愛想な夫や、毎月送られてくる母親からの手紙に耐えた。マリア・テレジアは、まだ床入れは終わっていないのかとうるさく尋ねた。マリーは妊娠した女性のお腹がふくらんでいくのを宮廷で見かけては、涙を流した。死産だったと聞いて、「それはつらいことでしょうけど、それでも代われるものなら代わりたい思います」と本心を語ったそうだ。

もっとも、問題があったのはルイのほうで、マリーではなかった。バイアグラをどんなに飲んでも何の助けにもならなかっただろう。ルイは包茎だった。包皮で覆われていたため、セックスはルイにとっては苦痛以外の何物でもなかった。治療方法は包皮切除しかないが、麻酔や抗生物質のない時代には危険な手術だった。

セックスや出産や将来のことを考えないですむように、マリーは重度の買い物依存症になった。羽飾り、ドレス、髪飾り、ダイヤモンドが彼女の欲望の対象になった。一晩中賭けごとをして、いつの間にか王室の借金をふくらませていた。物質的な快楽にふけっても効果なしとわかると、今度は哲学に癒しを求めた。あのならず者のルソーの著作を読んで、自然の中にこそ救いがあると確信した。そこでヴェルサイユ宮殿の中に庭園や偽物の村、「王妃の村里《プチ・アモー》」を作り、友人とともに田舎趣味を楽しんだ。

そうしたマリーの趣味が、フランス国民に気づかれないわけがなかった。マリーが王妃の村里でイチゴやヤギのミルクについて熱弁をふるっていたとき、第三身分である平民は彼女の散財の支払いをするために飢えるほどの重税を課せられていた。さらに悪天候のせいで、貧しい者にはパンを作るための小麦も手に入らなかった。彼らの不満がお偉いさんたちに無視されると、新聞の力を利用してある人物を公然と非難した。マリー――別名「赤字夫人」、あるいは「オーストリアの雌犬」――は、彼らの嘲りの対象になった。マリーに仕える男女の、ポルノまがいの風刺漫画が配布された。マリーが生き方を変えようとしたことや、私生活では貧しい人に同情的だったことはほとんど取り上げられなかった。

一七七四年のこの時期に、ルイの祖父［父は一七六五年に死亡］である国王が急死すると、ルイとマリーは即位して国王と王妃になった。新国王ルイ一六世はセックス同様統治も気が進まなかったため、フランスは国家破産への道をずるずる進んでいった。そこでルイはマリーを妊娠させるために、勇気を振り絞って必要な手術を受けたようだ。マリーは大喜びし、ついに一七八一年、フランス国民のために世継ぎを産んだ。次々と子どもは生まれたが、長男は幼くして病死し、次女は赤ん坊のうちに亡くなった。けれど、国民にとっては王室の人々の悲しみなどどうでもよかった。フランスはカオスに向かっていた。

一七八九年七月一四日、政治犯の監獄であり、武器を簡単に得られるバスティーユ牢獄の襲撃で、フランス革命の口火が切られた。二か月後には民衆がヴェルサイユ宮殿まで行進し、パンをよこせと訴えた。国王一家はパリのチュイルリー宮殿に無理やり連行され、実質的には囚われの身となった。やがて彼らは召使いの格好をしてフランス脱出を試みたが、紙幣に印刷された国王の肖像画で正体がばれて捕らえられてしまった。

この必死な逃走劇は革命勢力には背信行為と映った。だがルイとマリーが何をしようとも、フランスという君主国は滅びる運命だったのだ。マリーは「すべてを受け入れ、死を覚悟した」。国王と王妃はその称号をはく奪され、より監視の厳しい牢獄に移され、判決が下るのを待った。

一七九三年一月、ルイ一六世が最初に斬首刑に処された。マリーの髪は、恐怖のあまり一夜にして白髪になったという。やがて一〇か月後、子どもからは引き離され、国家に対する罪というでっちあげ裁判（息子に対する性的虐待も含む）が結審した後、「赤字夫人」として知られた王妃は、フランスのために「マダム・ギロチン」に自らの命を捧げた。理想の世界では、小麦が彼女の血から芽を出して民衆の腹を満たしたことだろう。共和国万歳！

◉教訓

農民ごっこは、農民に殺される危険と隣り合わせ。

死に方いろいろ 《ギロチン》

ギロチンに関する公式の歴史は1789年にはじまった。ジョゼフ＝イニャス・ギヨタン博士が、フランス刑法を改革する議会で遠慮がちに発言した。「すべての人は処刑されるときには平等に扱われなければなりません、つまり、苦痛も苦悶もなく処刑されなければならないのです」という大胆な提案をしたのだ。「法が被告人に死刑判決を下す場合はすべて、刑罰はすべからく同じでなければならない……犯罪者は斬首刑に処せられるべきだ。これなら、簡単な機械を使って単独で処刑できるだろう」とギヨタンは述べている。

２年間の議論の末、議会は彼の方法を承認した。恐怖政治によって起こる大量処刑に間に合うようにするためだ。それまでは貴族だけが斬首刑で、庶民は絞首刑か拷問刑といったより苦痛を伴う方法で処刑された。

一般に信じられているのと違い、ギヨタンは処刑を見て興奮するような異常者ではなかった。彼は元イエズス会士で、もっと人道的な方法があれば死刑の廃止につながるだろうと思っていた。また自分の名前がついた「簡単な機械」を設計したわけでもなかった。この平等主義的な処刑装置の前身は、14世紀から記録されている。

さて、ギロチンは本当にその犠牲者に苦痛を与えず、即死させられたのだろうか？　まだ答えは出ていない――答えられる人などいないのだから。だが、ギロチンの刃が落ちた後でも意識はすぐにはなくならなかったことをほのめかすエピソードがある。恐怖政治の推進者マラーの暗殺者として有名なシャルロット・コルデーはギロチンで処刑されたが、熱狂した執行人が切断した首を掲げて平手打ちすると、「明らかに怒り」から頬が赤く染まったと記録されている。

頭を大事にする人たちにとってありがたいことに、ギロチンは1977年、フランスでの公務から引退した。

第５章のおさらいクイズ

1　ルソーの著作は民衆を励まし、彼らは……

A　高級売春婦のように自然を受け入れた。

B　王族の圧制者から自由になった。

C　ギロチンの刃を研いだ。

D　前進した――「自由、平等、友愛の夢を追い求めよ。さもなくば破滅だ」

2　マリー・ルイーズの夫、カルロス２世は何が問題だったのか？

A　子どものときに魔法をかけられた。

B　それほど大がかりな異端審問はしなかった。

C　血族結婚による重度の遺伝的欠陥があった。

D　母乳を十分に与えられなかった。

3　ソフィア・アレクセーエヴナは生まれたときから、どうあるべきと思われていたか？

A　姿を見られることはあっても、声は発しない。

B　声を発してもいいが、姿を見られてはいけない。

C　姿を見られても、声を発してもいけない。

D　演出のために舞台では動物の群れになること。

4　マンガマルはなぜサティーをしなかったのか？

A　孫息子を育て、国を統治しなければならなかったから。

B　火が嫌いだったから。

C　ローマ教皇から特免状をもらったから。

D　その季節は薪が不足していたから。

5　マリー・アントワネットの言葉として正しいのはどれか？
A「人間は生まれながらにして自由である。しかし、いたるところで鉄鎖につながれている」
B「このような状況では、摂政でない女王はすべてを受け入れ、死を覚悟すべきです」
C「ならば、ケーキをお食べなさい」
D「楽しいこともあったし、面白いこともした。日なたで四季も楽しんだ」

◉解答

1　すべて正解。民衆は、ルソーが自分たちの天国を追い求めるよううながしたと思った。

2　C。

3　C。けれどソフィアには大きな夢と明晰な頭脳があった。

4　A。マンガマルは両方ともうまくやった。

5　B。そう言って死んでいった。

第6章

近代から現代へ

何だか年を、とても年を取ったような気がします。けれど私はまだ国母《こくぼ》。ですから、わが子の苦しみのようにこの国の苦しみを感じ、その罪と恐怖にもかかわらずこの国を愛しています。何人《なんびと》も母親から子どもを引き離すことはできませんし、あなたがたも（私から）この国を引き離すことはできません……。

——アレクサンドラ・ロマノヴァ

フランス革命の衝撃は西洋文明を襲い、その影響は何世代にもわたって続いた。チュイルリー宮殿にあるマリー・アントワネットの部屋の新しい住人となったジョゼフィーヌ・ド・ボアルネは、「ここだと落ち着けないわ。王妃が『私のベッドで何をなさっているの？』って聞いてくるような気がして」と告白した。一九〇一年、ふたりのイギリス人女性学者は、ヴェルサイユ宮殿で王妃の亡霊を見たと主張した。嘘か本当かは別にしても、ふたりの頭に思い浮かんだのがマリー・アントワネットであることに間違いない。同じ時代にロシアでは皇后アレクサンドラが、子どもと一緒に描かれたフランス王妃の絵を自室に飾っていた。それを眺めていると、アレクサンドラはかすかな安らぎを得られた。一九一七年、ついにロシア革命は起こり、血のように赤く咲き誇った。

明らかに平等主義の精神が広まったのだ。この新しい精神の一部として離婚が広く受け入れられるようになり、自分の運命を少しコントロールする力が女性に与えられた。王妃は離婚してその地位を失ってからも、生きていることができた。かわいそうに、アン・ブーリンは生まれるのが四百年早すぎたのだ。

婚姻関係が流動的になるにつれて、王室の概念も流動的になった。血のつながりや神から授かった権利は、個人崇拝に取って代わられ、その名声によって力を与えられた。おかげで貧しい家庭で育った女性でも金持ちになれたり、王妃になれたりした。また非常に影響力のある女性は、その功績やまれに見る美しさや才能で名を残した。しかし、ギロチンの代わりに新聞が力を得て、王妃を作り上げたり、引きずり降ろしたりした。ある意味、ギロチンのほうがまだ思いやりがあった。

このすばらしい新世界では、王族は断頭台まで歩いていく必要がないような方法、つまり病気や事故や、ときには暗殺で命を落とした。だが儀式がなくなった分、神話的な意味を持つ葬儀で埋め合わされることが多くなった。

アルゼンチンの大統領夫人だったエヴァ・ペロンが一九五二年に子宮がんで亡くなると、クレオパトラに匹敵するような葬儀が行なわれた。彼女の遺体をエンバーミング処理した人物はレーニンをミイラ化した科学者だったという噂が流れたが、彼は防腐剤とロウを使って、エヴィータ（エヴァ・ペロンの愛称）の遺体を崇拝すべき偶像《イコン》に変えた。彼はエヴィータを、王子様を待つ白雪姫のようにガラスの容器に入れて陳列した。エヴィータのライバルともいえるイギリスのダイアナ妃の遺体は、このように神聖化されて公開されることはなかった。おそらく交通事故で亡くなったからだろう。そのかわりダイアナは、アーサー王伝説に出てくるアヴァロン島のような私有地の島に眠っている。そして、パパラッチのいない永遠の王国の到来を待ち望んでいるはずだ。

1814

離婚／婚姻無効

皇后ジョゼフィーヌ

マリー・アントワネットの次にフランス王妃の座についた女性は、マリーとはあまり似ていなかった。もっともこの女性も最後には王冠を失ったが。マリーが断頭台に消える三〇年前、やがてジョゼフィーヌ皇妃となるその少女は、クレオール［西インド諸島・中南米などの植民地で生まれた白人］の裕福とはいえない砂糖農園主の娘として生まれた。一〇歳のときに占い師から、大人になったら二度結婚し、一度は未亡人になるが、やがて王妃よりも偉くなるだろうと告げられた。この予言は見事に的中し、よくあるロマンス小説を地で行くようだった。

最初の結婚をお膳立てしてくれたのはパリにいるおばで、そのときジョゼフィーヌは一五歳だった。一五歳の少女はアレクサンドル・ド・ボアルネと結婚するためにフランスに向かった。ボアルネは没落貴族の人当たりのいい十代の美形で、ジョゼフィーヌを見るやその垢抜けない島娘ぶりに仰天した。それでも結婚式は執り行なわれた。アレクサンドルは花嫁に彼の遺産を要求し

ないよう求めた。さらに花婿には人妻の愛人がいた。ジョゼフィーヌとアレクサンドルは息子と娘に恵まれたが、結婚生活は不幸だった。ふたりは別居したが、フランス革命中に牢獄で再会した。アレクサンドルは領地を没収され、断首刑に処せられた。ジョゼフィーヌは五日後に死刑宣告されたが、断頭台に向かおうとしたまさにそのとき、奇跡的にも刑の執行が猶予され、自由の身となった。

今や結婚のしがらみもなく、財産もないジョゼフィーヌは、自分自身を社交界の最高級の娼婦に仕立て上げた。アレクサンドルが蔑んだクレオール特有のエキゾチックな魅力とセクシーさが生き延びるための武器となり、多くの金持ちを虜にした。ナポレオンも彼女の魅力にはまったひとりで、当時はフランス陸軍の、王党派を鎮圧した英雄だった。

二番目の結婚は、サロン喜劇［上流社会の客間を舞台に繰り広げる軽妙で洗練された喜劇］のようなものからはじまった。ジョゼフィーヌがナポレオンと寝たのは、この男はいいパトロンになるかもしれないと思ったからだ。ナポレオンがジョゼフィーヌにつきまとったのは、この女は金持ちだし、人脈があるから自分の政治的野望を実現するのに役立つと思ったからだ。本心がわかったときには、もう手遅れだった。ナポレオンはジョゼフィーヌに夢中だった。将軍ナポレオンのエロティックな手紙が、その追撃ぶりを記録している。「きみが服を脱ぐのを手伝えられたら、どんなに幸せだろう。引き締まった小さな白い胸、かわいらしい顔……ジョゼフィーヌとの暮らしは、理想郷での暮らしのようだ」。家族に反対されたが、ナポレオンはジョゼフィーヌに結婚を申し込んだ。家族はジョゼフィーヌのことを「新大陸の売春婦」として見下していた。

　結婚後すぐに、ナポレオンはイタリア征服を命じられ出発した。不仲の義理の家族とともに残されたジョゼフィーヌは、昔の恋人とよりを戻してうっぷんを晴らした。するとボナパルト家の人たちはきわどい噂話がナポレオンの耳に入るように仕向けた。「もうきみを愛していない。それどころかきみのことが嫌でたまらない。きみは下品で、意地が悪く、残忍でふしだらだ」とナポレオンは嫉妬に駆られて手紙を書いた。そんな喧嘩を売るような言葉を並べたにもかかわらず、ナポレオンはジョゼフィーヌと別れられなかった。政治的にも彼女が必要だったからだ。ジョゼフィーヌは生来の優雅さと大らかさのせいでナポレオンの最高の外交官となり、おかげでナポレオンはフランス国民に熱狂的に受け入れられた。一八〇四年、ナポレオンは皇帝になると、ジョゼフィーヌに皇后の座を与えた。予言通り、王妃よりも偉くなったのだ。

　しかし愛だけでは十分でなかった。ナポレオンは世継ぎが欲しかったが、ジョゼフィーヌはフランス革命中に牢獄にいたせいで子どもを産めなくなっていたようだ。五年後、ナポレオンはジョゼフィーヌと離婚した。不貞は耐えられたが、不妊は耐えられなかったのだ。ジョゼフィーヌは敗北はしたものの潔かった。「皇帝の政治に不可欠であり、さらにフランスの国益を満たすことになる世継ぎを産めない以上、この世で手に入れられる最高の愛情と献身を皇帝に喜んで捧げます」

　一年もしないうちにナポレオンはオーストリア皇女マリア・ルイーザと再婚した。マリア・ルイーザはすぐに息子を産んだが、ナポレオンにとって彼女は幸運の女神ではなかったようだ。別のオーストリア皇女がルイ一六世にとってそうでなかったように。一八一四年、ナポレオンは皇帝の座を失って、エルバ島に追放された。

ジョゼフィーヌのその後はというと、彼女は数多くの有名人が集まるサロンを主宰した。そして生まれ故郷である西インド諸島のマルティニーク島への郷愁なのだろう、異国情緒あふれる南国の花木を植えた庭園を作って植物を育てた。それが直接の原因ではないだろうが、ジョゼフィーヌは五〇歳の若さで肺炎で急死してしまった。ある日、庭園を案内していたときに風邪をひき、それが命取りになったのだ。

◉教訓

皇帝の忠誠は世継ぎに向いていても、皇妃には向かない。

1821

離婚／婚姻無効
キャロライン・オブ・ブランズウィック

海峡の向こうのイギリスでは、キャロライン王妃が戴冠式の晩、にわかに病気になり、息を引き取った。かぶるはずだった王妃の冠を頭に載せることはなかった。不仲の夫、ジョージ四世がそうさせなかったのだ。ジョージは戴冠式が行なわれるウエストミンスター大聖堂にキャロラインを入れるなと衛兵に命じた。キャロラインを王妃にする気はまったくないのに、彼女が戴冠式に出席してしまえば、王妃として認めたことになってしまうからだ。

キャロラインはジョージの忠臣に毒殺されたのだろうか？　真実は誰にもわからないが、ひとつだけ確かなことがある。ジョージはキャロラインをひどく憎んでいた。お金に困っていなかったら、けっして結婚しなかっただろう。わかりきったことだが、破産から逃れるためにキャロラインと結婚したのだ。

キャロラインは四三歳で突然死したが、その死もスキャンダルと奇行で彩られた風変わりな彼女の生涯の、ひとつのエピソードにすぎない。

キャロライン・アメリア・エリザベスは一七六八年、ドイツのブラウンシュヴァイク（英語名はブランズウィック）公の娘として生まれた。幼いころから、自由気ままなふるまいで有名だった。粗野なところはあるが、堅苦しさがなくて親しみやすく、王妃というより漁師の妻のほうがふさわしかっただろう。ジョージの花嫁に選ばれた二六歳のころには、身持ちの悪さと品のないマナーで悪評を得ていたが、婚約のために都合の悪いことは隠された。身内のことで済まされたからだ。キャロラインの母親のオーガスタと、ジョージの父親ジョージ三世は姉弟だった。キャロラインとジョージは一度も会ったことがなかったが、そんなことは問題ではなかった。いとこなら皇太子妃になる順位が高かった――キャロラインとて例外ではなかった。

ジョージも褒められたものではなかった。この皇太子は三二歳のときにキャロラインと結婚することを承知したが、すでに多数の愛人との間に無数の婚外子をもうけていた。中でもカトリックの未亡人マリア・フィッツハーバートに夢中で、彼女と一夜をともにする権利を得たくて、ひそかに結婚式を挙げた。ジョージ三世は息子の結婚を認めなかったので、弁護士は婚姻無効とみなしたが、司祭は有効とみなした。もっとも、フィッツハーバート夫人への情熱は、彼の真に愛する物に比べたらまだまだだった。彼はギャンブル、グルメ、酒、ファッションに目がなかったのだ。そんな暮らしを続けていたら、お金はいくらあっても足りない。皇太子の借金はかさみ、重くのしかかってきた。世継ぎを作らなければならない責任も同じだった。結婚すれば、国から支給される手当は増え、借金も返せるだろう、とジョージは考えた。

キャロラインとジョージの初顔合わせはうまくいかなかった。キャロラインが未来の夫に挨拶の抱擁をしたとたん、ジョージはキャロラインの腕を振りほどき、強いブランデーを持ってこさせた。ジョージはキャロラインをおぞましい、粗野な女と思ったが、キャロラインのほうもジョージを醜いデブと思った。結婚式は最悪だった。ジョージはぐでんぐでんに酔っ払って、挙式中もよろよろしていた。皇太子は逃げ出すんじゃないかと思った人もいた。

奇跡としか言いようがないが、この不幸なカップルは初夜の義務を果たした。その後でジョージは「あの女には二度と触れない」と心に誓った。この一夜でキャロラインは懐妊し、娘シャーロットを生んだが、父親になっても妻への思いやりが芽生えることはなかった。シャーロット誕生後のある日、ジョージは遺言を書き換え、キャロラインにはわずかな財産しか残さないことにした。ふたりは別居した。

ジョージにとって忌々しいことに、国民はキャロラインを愛する分、反対にジョージを憎んだ。気取らない親しみやすさのおかげで、キャロラインは国民から自分たちの仲間のように慕われた。一方、ジョージは父親の大きすぎる冠をかぶって着せ替えごっこをして遊ぶ放蕩息子と思われていた。父親のジョージ三世はアメリカの独立により植民地を失い、さらに正気も失ってしまったため、ジョージが摂政皇太子となった。ジョージの人気がさらに下がったのは、キャロラインが求めた娘との面会を拒絶したときだった。この話は新聞で広まり、イギリスの小説家ジェーン・

オースティンでさえ、キャロラインを擁護する手紙を書いた。

キャロラインは外国で暮らすことを選んだが、スキャンダルはいつまでもついて回った。彼女は単に世の中のルールというものがわかっていなかったのだが、そんな開けっ広げな大らかさにひかれる者もいた。キャロラインは恋人を作ったり、子猫を拾ってくるように子どもを養子にしたりした。それがゴシップとして広まっても、意に介さなかった。晩餐会はキャロラインの半裸のダンスで最高潮に達することが多かった。

不運なことに娘のシャーロットが出産後に亡くなると、キャロラインの心のたががはずれてしまった。もはやイギリスの未来の女王の母親ではなくなったのだ。ジョージは父親のジョージ三世が亡くなる前にキャロラインと離婚しようと行動を起こした。そうしておけば、キャロラインはイギリスの王妃にはなれないだろう。だが問題がひとつあった――外国にいることを条件に五万ポンド支払うことを提案したが、キャロラインは受け取ろうとしなかった。彼女は「国民の王妃」になりたかったのだが、それはジョージの不人気な政権を転覆しかねない、政治的に危険な動きだった。

ジョージ三世がついに亡くなると、キャロラインはイギリスに戻り、王妃の座を要求した。ジョージは姦通罪――死刑判決が下ることもある犯罪――でキャロラインを訴えて、離婚を承知させようとした。

それは、火のついたマッチをガソリンの中に放りこむような結果をもたらした。政治的日和見主義者がキャロラインの人気に飛びついて、政府を転覆させようと考えたのだ。新聞は新国王を激しく糾弾し、どんなセンセーショナルな出来事も事細かく報道した。それを読んだ女性たちは国王の行動にとくに腹を立てた。キャロラインは勝利した。しかし、それでもジョージは彼女を

本当の妻は誰？

キャロラインは不倫をしたかどうか法廷で尋ねられ、「はい」と答えたあとで「皇太子と１度だけ」と言い添えた。ジョージは父親の許しがないままカトリックの未亡人とひそかに結婚式を挙げ、その後にキャロラインと結婚したからだ。では、ジョージの本当の妻は誰なのか？　好きなほうを選んで。

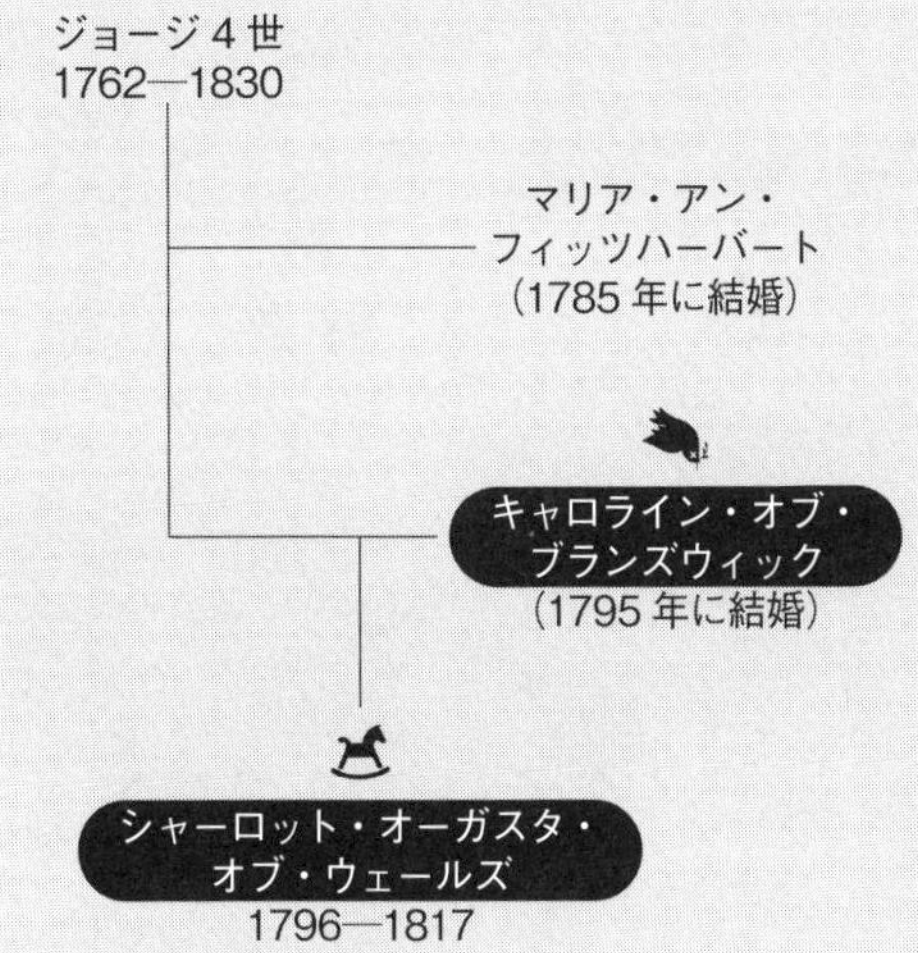

イギリス王妃として認めなかった。

キャロラインが戴冠式に出られなかった晩、この無冠の王妃はひどく具合が悪くなり、腹痛で苦しんだ。それから一か月もしないうちに帰らぬ人となった。キャロラインは毒殺されたのか、それとも病死だったのか？　ひとりの医師は、アヘンが少量入ったマグネシウムの大量摂取が死因と考えた。キャロラインはそれを睡眠導入剤のつもりで飲んだようだ。そのマグネシウムは体の中で凝固して、腸ですっかり詰まってしまったのだろう。けれど、あまりのタイミングのよさから毒殺説が広がり、すべてジョージが犯人であることを示していた。それにもかかわらず、ジョージは妻の死に対して喜びを隠そうともせず、歌を口ずさみ、ウイスキーをがぶ飲みした。

キャロラインは、自分を憎んだ夫から遠く離れた地――故郷のブラウンシュヴァイクに遺体を埋葬してほしいと遺言した。墓碑銘には「キャロライン・オブ・ブランズウィック。不当に扱われしイギリス王妃」と簡潔に刻まれていた。死に臨んでもなお、冷遇されたことを忘れられなか

その後のお話

キャロライン・オブ・ブランズウィックの話は、別の皇太子妃、ダイアナ・スペンサーの話と比べられることが多い。キャロライン同様、ダイアナは気がつけば愛のない結婚生活を送り、それがタブロイド新聞のネタになっていた。だが人気のあったダイアナは、有名人であることを利用して新聞を動かした――キャロラインと同じように。もっともダイアナのほうが、マスコミ操作という点では何倍も上手《うわて》だった。ダイアナは戴冠式の日に毒殺されずにすんだが、非業な死を遂げた。だが、その話はまた別の機会に。

ったのだろう。

◉**教訓**

結婚相手とは、挙式前に会っておくべし。

1875

暗殺または不審死

アルーテ（孝哲毅皇后）

若くして死ぬことは、作曲家や詩人にとってはキャリアアップのようなものだが、中国の皇妃にとっては違った。同治帝《どうちてい》の皇妃、アルーテ（阿魯特）は二〇歳の若さでこの世を去ったが、清朝皇妃の座にいたのは三年にも満たなかった。ヨーロッパの王妃、キャロライン・オブ・ブランズウィック同様、アルーテの早死にの原因は謎のままで、世界中で人気の探偵ボードゲーム「クルー」の王室版になりそうだ。皇妃は寝室で毒殺されたのか？　塔に閉じこめられ餓死したのか？　あるいは、とりわけ恐ろしい――自殺を図ったのか？

アルーテの不幸な運命は彼女自身によって無意識にもたらされたものだった。彼女の卓越した知性、美貌、一族の地位のせいで、彼女は皇妃として選ばれぬわけがなかった。アルーテは、同治帝の講師をつとめた才能ある学者、チョンジ（崇綺）の娘だった。チョンジは娘を自分の手元に置いて教育を授けた、というのがよく知られている話だ。チョンジの宮廷における地位のおかげで、この十代の娘は同治帝の母親である先の皇帝の未亡人、西太后《せいたいこう》の目に留まった。

西太后には「ドラゴン・レディー」というあだ名があり、五歳で皇帝になった同治帝の摂政として中国を支配していた。同治帝はといえば、王族の特権をすべて享受したが、責任は一切取らなかった。何よりも君主として問題だったのは、皇帝としての義務よりも、性欲を満足させることにエネルギーを費やしたことだ。彼の疲れを知らぬ欲望は、売春婦だけでなく男娼や性転換者にまでおよび、一五歳のころにはすでに梅毒にかかっていた可能性がある。西太后は生活を改めない息子に業を煮やし、結婚すれば息子の放蕩は治るに違いないと考えた。そして、アルーテが治療薬として選ばれた。

同治帝は母親の言うがまま、一八七二年にアルーテと結婚した。アルーテは同治帝より二歳年上だったが、男性経験などなかった。無垢な皇妃と性欲旺盛な皇帝の初夜を想像するだけで身がすくむ人もいるだろう。けれど新婚当時は、アルーテが野獣を手なずけているように見えた。同治帝は新妻に夢中になり、皇帝としての責任をきちんと果たすと約束した。だが半年もしないうちに、宮廷を抜け出し、誰かれかまわずセックスするようになった。当時の人は、皇帝の統治能力は「最小の期待をしても裏切られる」と述べている。

結婚して三年もしないうちに、皇帝も皇妃も帰らぬ人となった。同治帝は記録によれば天然痘で急死したことになっているが、梅毒の合併症で亡くなった可能性が高い。アルーテは夫の死後七四日後に死亡しており、妊娠していたらしい。

なぜ――あるいは誰の手で――皇妃は亡くなったのか、謎のままだ。アルーテは、当時の一般的な殺害方法だったヒ素で殺されたのではないかという説がある。『ニューヨーク・タイムズ』は、アルーテ暗殺は政治的理由によるものとほのめかした。「王妃のお腹の子どもが男子の場合に備え、梅毒の合併症を恐れるあまり王妃の命を犠牲にしたという噂を隠すためのちょっとした試みがあった」というのだ。別の説では、息子が梅毒で死んだのはアルーテのせいだと西太后が考え、仕返しにアルーテを餓死させたというのがある。

しかし、最も筋の通った説明こそが、最も涙を誘う。つまり、アルーテは無理やり自殺させられ、その結果、夫に殉じて死んだという名誉を与えられたというものだ。アルーテの父親が自殺用のアヘンを娘にそっと渡したという噂も流れた。

何があったにしても、結果は同じだった。アルーテが手に入れていたかもしれない権力は義母の西太后に戻され、西太后はその後三〇年間も中国に圧政を敷いた。

◉教訓

多勢に無勢《ぶぜい》。

1898

刺殺
オーストリア皇后エリーザベト

一九世紀末のウィーンは、狂気でおののいていた。フロイトと友人の著書で明らかになった人間の無意識というものに人々が夢中になったのは、新世紀には何が起こるかわからないという社会不安を反映していたからだ。オーストリア皇妃・ハンガリー王妃となるバイエルン公女エリーザベトは二〇年ほど早く生まれすぎたので、この時代精神の恩恵を完全に享受することはなかった。けれど彼女の苦しみに満ちた生涯は、どんな精神医学的症例にも匹敵するほど正確に時代を反映していた。だからこそ、エリーザベトのことを「時代に先駆けた女性」と呼ぼう。

エリーザベトは六十代のときに無政府主義者の手にかかって殺されたが、彼女の運命は一五歳になったころに決められた――それが悲しい現実だ。シシィという愛称で知られたエリーザベトが、一八五二年にお茶会で皇帝フランツ・ヨーゼフに出会ったとき、運命の歯車は回りはじまった。退廃的で世なれた皇帝は、十代の無垢な娘に恋をしてしまった。彼女の野性的な美しさは、一九八〇年ころのブルック・シールズの美しさを先取りしていた。フランツ・ヨーゼフは会ってすぐにプロポーズした。するとシシィは頬を染めてうなずいた。数年後、エリーザベトは「結婚って、ばかばかしい取り決めですわ。一五歳の子どものときに決められるんですから」とコメントした。
フランツ・ヨーゼフを夫にするということは、静かなバイエルンの子ども時代から、帝都ウィーンの喧騒な世界へ一気に飛びこむことだった。シシィはそのストレスのせいで部屋に閉じこもり、泣いて食事を取らなかった。仕方なく公の場に出たときは、扇子で顔を隠した。婚礼の直後に、彼女はこんな詩を書いた。

わたしは目を覚まし、自分の部屋にいる。
わたしの両手をしっかり
縛っている鎖が見える。

性生活については、皇帝がすぐにシシィを驚くべき性の世界へ誘い、婚礼の翌朝には初夜が無事終わったことが皇室の人々に報告された。やがて四人の子どもが一八五五年、五六年、五八年、六八年と次々に生まれた。しかし、ふたりの結婚から生じた不幸はもうひとつあった――梅毒だ。皇帝は身持ちの悪い女にうつされ、妻にそれをうつしてしまったのだ。

死に方いろいろ　《梅毒》

王族の死に関する調査はどんなものでも、梅毒、別名「瘡（かさ）」の潜伏期の影響を調べなければ不完全である。19世紀末ウィーンの人口の15パーセントは梅毒にかかっていたと推定される。上流階級の男は売春婦や女優と、いわゆる若気の過ちをし、たいてい梅毒にかかった。やがて彼らはそれを家に持ち帰って妻にうつした。ちょうどフランツ・ヨーゼフがエリーザベトにしたように。

梅毒は最初の発疹が治ると、診断が難しくなる。症状はほかの病気にそっくりなことが多く、やがて最後には精神に異常をきたし、死亡する。とくに女性では神経衰弱や心気症と診断されることが多く、不妊症を引き起こした。エリーザベトの場合、危険願望は気質によるものか、梅毒によるものかわからないが、たぶん両方のせいだろう。

抗生物質が発見される前は、梅毒は水銀で治療するのが普通で、小さな青い錠剤を処方された。「一晩の愛欲《ヴィーナス》で、一生の水銀《マーキュリー》」という言葉が流行った。水銀は初期の化学療法としての役割を担い、患者に毒を与えることで梅毒の進行を抑えた。若気の過ちを隠したい夫は、何の疑いも持っていない妻に水銀が少量入ったチョコレートを食べさせたそうだ。

月日が流れ、シシィは自分の置かれた状況から来るストレスに突飛な行動で応えることが多くなった。長女のゾフィーが腸チフスで亡くなると、自殺をほのめかした。ストレスの塊のような皇室の生活から逃れるために、何時間も馬を猛スピードで走らせたり、危険なジャンプをして首の骨を折りそうになったりした。そして死に取りつかれたシシィは、年を取ることに対して異常なまでの恐怖を感じるようになった。シシィの髪は、グリム童話に出てくる髪の長い美しい娘ラプンツェルのようで、薄いベールのように足までふわっと垂れ下がり、卵の黄身とフランス産ブランデーで定期的に洗われた。ブラッシングしているときに落ちた髪は、一本一本数えられた。鞭のように細い体を維持するために失神するほど運動し、肉汁だけしか飲まなかった。

梅毒をうつしてしまった罪の意識から、皇帝はシシィの言いなりだった。たとえば、誕生日に何が欲しいかと尋ねると、シシィはベンガルトラか、精神病院が欲しいと答えた——結局、どちらが贈られたのかはわからないが。時は流れ、シシィは梅毒の進行を抑えるために水銀療法などを受けるようになった。けれど、本当に効果があったのは旅行だった。エリーザベトは皇后としての責任を放棄し、太陽の降り注ぐ地方を訪ね、自然の美しさにうっとりした。自分は自由だと思いこみたくて、護衛をつけず、皇后だとわからないように濃いベールをかぶった。

ウィーンの生活との間に距離を置いたにもかかわらず、身内の悲劇がシシィを襲った。もし彼女に心の友がいたとしたら、それは従兄の子どもにあたるバイエルン国王ルードヴィヒ二世だった。ルードヴィヒの病的なまでのロマンチストぶりは、エリーザベト自身と重なった。ルードヴィヒとシシィは牧歌的な森をふたりで何時間も馬に乗って過ごし、ワーグナーの音楽や美意識を共有して絆を深めた。一八八六年、ルードヴィヒは精神に異常をきたしたと宣告され、不審な状況で溺死した。三年後には、シシィのただひとりの息子ルドルフが恋人と一緒に亡くなった。十中八九、心中と思われた。それ以後、エリーザベトは喪服を着続けた。

悲しみと病気からくるストレスで、シシィの放浪願望はいやがうえにも増した。そうした狂気じみた旅のひとつで、つい昔からの求婚者、死神に出会ったのだ。
一八九八年、シシィは友人とレマン湖を訪れていた。いつものように、護衛はつけていなかった。無政府主義者の青年が遊歩道を歩いている皇后に近づき、鋭いやすりを心臓に突き刺した。皇后のコルセットが止血帯の役目を果たしていたが、傷の治療のためにコルセットをほどいたとたん、出血死してしまった。シシィの最後の言葉は「何が起きたの?」だった。

◉教訓

運命からは逃れられない。

「誰でもよかった」

オーストリア皇后エリーザベトを殺害したルイジ・ルケーニは、彼女の人柄に不満があったわけではなかった。「最初に出会った王族を襲うつもりだった。誰でもよかった」と認めている。エリーザベトはターゲットとして狙いやすかったのだろう。自由に動き回れるように護衛をほとんどつけていなかったし、いつも喪服を着ていたので見つけやすかった。終身刑の判決を受けたルケーニは自分の行動が大衆を扇動し、彼らが支配階級に立ち向かってくれることを願った。しかし願いはかなえられなかった。12 年後、ルケーニは牢獄内で首つり自殺した。

1918

暗殺または不審死
ロシア皇后アレクサンドラ

エリーザベト皇后と違い、アレクサンドラ・ロマノヴァはもっと幸せな一生を送れるはずだった。おとぎ話の最後に出てくる「それからずっと幸せに暮らしましたとさ」の言葉通りになるだけの富と美貌の持ち主であり、王室同士の結婚でありながら愛情に満ちた結婚生活を送り、性病で台無しにされることもなかった。けれど、恐ろしい呪いをかけられて生まれたおとぎ話の王女のように、結局は自分自身や家族や帝国を滅ぼすことになる負の遺産を受け継いでいた。

一八七二年、アレクサンドラは、ヘッセン大公妃でイギリスのヴィクトリア女王の娘アリスを母として生まれた。幼いころは陽気な性格から「サニー」というニックネームをつけられた。ところが母親がジフテリアで急死してからは、陰気な六歳の少女に変わってしまった。一八九四年、愛のキューピットがこの埋め合わせをしてくれた。長い婚約期間の後、ロシア皇帝ニコライ二世と結婚した。ふたりは激しく愛し合っていたが、ルター派の信者だったアレクサンドラは、結婚

を機に仕方なくロシア正教に改宗した。

花嫁の潤沢な持参金の中には血友病も入っていて、その呪いが明らかになったのは、五番目の子どもで唯一の息子——ロシア帝国の世継ぎであるアレクセイが生まれたときだった。血友病はヴィクトリア女王の家系で突然変異で生じたにもかかわらず、血族結婚のせいで王族内にはびこってしまった。この不治の血液病がとくに残酷なのは、女性によって伝えられ、その女性が息子を産むまではその遺伝子を持っていることにうかつにも気づかないことだ。当然、生まれた息子（血友病の患者はたいてい男性）は、この病気に苦しむことになる。ＤＮＡ検査がなかった時代は、誰がその遺伝子を持っているか知る方法はなかったし、その結果——ちょっとした打ち身で致命的な出血をすること——も予測できなかった。

アレクセイが生まれてから三日後、へその緒の残りから血がしみ出した。幼い皇太子が死にかけた数多くのエピソードのはじまりだった。アレクセイの病気はロマノフ家の人々の結束を強めた。彼らのやり方は、アレクセイがけがをしないようにすることだった。家族はアレクセイを秘密という柔らかな毛布で包んだ。ロシアの次期皇帝が血友病であることが知れ渡るのを、家族の誰も望んでいなかった。

アレクサンドラが血友病の治療方法を必死に探していたことが、結果としてラスプーチンへと、ロシア帝国版の、がっちりした女たらしのセールスマン、エルマー・ガントリーへと導いた。

ラスプーチンは「怪僧」「奇跡を起こす人」「食わせ者」「悪魔」「女たらし」と呼ばれていた。

そうした呼び方のどれもが正しい――それは彼が矛盾の塊だからだ。彼は自分のことを「霊的指導者《スターレツ》」とか「農民出身の精神治療医」と呼んだが、大酒飲みで、ご婦人のペチコートの下に潜るのが得意だった。彼はヤギのような臭いがし、肌にはあばたの跡があったが、服は豪華だった。ラスプーチンの顔で最も目立つのは、射るような灰色の瞳だ。彼はその瞳で患者に催眠術をかけた。皇帝の親族であるフェリクス・ユスポフ公は、治療中のことを次のように記している。「私は徐々に傾眠状態に入っていった。強力な麻薬が投与されたにもかかわらずだ。見えたのは、ラスプーチンのきらきら輝く目だけだった」。宗教的なアドバイスを求めてラスプーチンのところにやってきた女性の多くは、気づいたときには彼の悪臭を放つ抱擁を受けていた。するとラスプーチンは女性たちに「私に汚されていると思われているでしょうが、そうではありません。私はあなたを清めているのです」とささやいた。

ラスプーチンがアレクサンドラの生活に登場したのは、アレクセイの出血がいちばんひどいときだった。医師に見放されてしまった皇太子に、ラスプーチンは祈りの言葉をつぶやき、皇太子は助かりますと請け合った。そして彼の言葉どおり、アレクセイは助かった。誰もが奇跡が起こったと信じた。あとは時間の問題だった――アレクサンドラは、ラスプーチンがいなければアレクセイは死んでしまうと思いこむようになった。ラスプーチンはうまく取り入り、王室生活のあらゆる面に首を突っこむようになった。

やがてロシアはドイツ相手に戦争をせざるをえなくなり、ニコライ皇帝は前線に赴いた。アレクサンドラはアレクセイとロシアにいた――ラスプーチンも一緒だった。夫を助けたい一心で、アレクサンドラはラスプーチンに政治的なアドバイスも求めた。その結果、大臣が任命されたかと思うと、有無を言わさず罷免された。ラスプーチンの好き嫌いで決まるからだ。アレクセイの病気のことを知らされていない国民は、なぜラスプーチンがこれほど権力を与えられているのか理解できなかった。最悪のことを考え、皇后はラスプーチンと乱痴気騒ぎを演じているとか、ラスプーチンを使ってロシアを滅ぼそうとしていると噂した。アレクサンドラが政治に口出ししたことで政府が混乱に陥ると、国民は彼女がドイツ出身であることを持ちだし、敵のスパイだと言いだした。そうした非難に傷ついたアレクサンドラは、「私はロシアに嫁いで二〇年になります……私の心はすべて、この国とともにあります」と反論した。

ラスプーチンの影響はこれ以上続かなかった。ロシアを救うために――と彼らは思った――数名の皇帝の親族が（そのうちのひとりはユスポフ公だった）、一九一六年の大晦日の晩餐会にラスプーチンを招待した。ラスプーチンは生きることと同じように死ぬことにも粘り強かった。彼を殺すために、貴族たちは毒を盛り、銃を撃った――が、まだ生きていた。最後には、首都を流れるネヴァ河に放りこみ溺死させた。

ラスプーチンは自分の死を予感していたに違いない。殺害される数日前にニコライ皇帝に手紙を送っていた。「私は新年を迎える前に、この世を去る予感がします。私の死にかかわったのが陛下のご親族なら、一族の誰ひとりとして、つまり、陛下のお子様方やご親族は二年以上生きられないでしょう。皆様方はロシアの民衆に殺されるでしょう」

ラスプーチンの予言はすべて見事なくらい当たった。ユスポフ公らはよかれと思ってラスプーチンを暗殺したのだが、農民は怪僧の殺害を自分たちへの攻撃とみなした。階級同士の緊張が一気に革命的なレベルまで高まり、戦争と厳しい冬のせいで食糧不足に陥ったことがさらに事態を悪化させた。ニコライ二世は祖国と家族を守るために一九一七年に退位したが、何の好転もみられなかった。ロマノフ一家はシベリア西部に流刑になり、一九一八年に銃殺隊によって処刑された。

◉教訓

悪魔のようにふるまう聖職者を信用するべからず。

その後のお話

銃殺後、ロマノフ一家の遺体がどのように扱われたかを知れば、木材破砕機で死体を粉微塵にした映画『ファーゴ』の大団円は、お上品な夜会のように見えてしまうだろう。ロマノフ一家の遺体は切断されてから、大量のガソリンで焼かれ硫酸をかけられた。残った骨は廃坑に投げ捨てられ、百年後に発見された。しかし、ロシア正教会はロマノフ一家をもっと丁重に扱った。アレクサンドラを初めとして一家全員を聖人として認めたのだ。改宗をあれほど嫌がった女性にとっては皮肉な結末だ。

1952
病死
エヴァ・ペロン

「ファシスト」「売春婦」「聖人」「女王」――マリア・エヴァ・ドゥアルテ・デ・ペロンは「エヴィータ」としてのほうがよく知られているが、短い人生でこれらの役をすべてこなした。エヴァの生涯はやがてその名前を冠したミュージカルを誕生させるが、彼女が権力の座に就くまでの話は、映画やミュージカルでおなじみの『マイ・フェア・レディ』によく似ている。

一九一九年生まれの南米人版イライザ・ドゥーリトルは、貧しいお針子の婚外子として生まれた。もっとよい人生を送ろうと決心したエヴァは、映画の世界に入ることを考えた。一五歳のときに家出して、女優になるためにブエノスアイレスに行き、すぐに端役を得た。エヴァのちょっとした成功の陰には、お腹を空かせたスターの卵に付きものの秘密があった。彼女は男たちと寝ることで人生を切り開いた。だがこれは彼女の野望を立証するもので、ほとんどの男が「彼女はセックス・アピールに欠けていた」と語っている。貧しい暮らしが何年も続きエヴァが病気がちになりやせ細ると、自称、女たらしたちは、気がつけばベッドの楽しみよりも彼女の世話を焼いていた。

エヴァは舞台や映画では当たらなかったが、ラジオでは本領を発揮した。彼女の騒々しい粗野なしゃべり方が労働者に気に入られたのだ。ところが彼女はすぐにそのしゃべり方を直し、髪をブロンドに染めた。やがてエヴァは、マリー・アントワネットや女帝エカテリーナ二世のような女性を主人公にしたラジオ劇で有名になった。そうした経験が次の活動のリハーサルとなり、その活動は一九四四年にファン・ペロン将軍と出会ったときにはじまった。ペロンは、社会主義思想にファシズムを少し加えたペロン主義（ペロニスモ）のカリスマ的な創設者だった。

ペロンはエヴァとの初対面をこんなふうに述べている。「彼女は華奢に見えたが、力強い声と背中に垂れ下がった長いブロンドの髪と燃えるような瞳が印象的だった。エヴァ・ドゥアルテと名乗り、ラジオ劇に出ていることや、人を救いたいと思っていることを話した……」。ペロンは、エヴァのラジオでの実績が大衆に自分の主義主張を説くときに役に立つと考えた。すぐに愛人を捨ててエヴァを取った。一方、エヴァはペロンの理想をすべて――ファシストであろうがなかろうが――熱心に支持した。

ふたりは一九四五年に結婚した。その年ペロンはアルゼンチン大統領に立候補し、翌年当選した。エヴァをすっかり変身させて魅力的な大統領夫人にするために、ペロンは妻の出生証明書を書き換えて婚外子であることを抹消し、妻が出演した映画のフィルム、写真、ラジオ録音を破棄した。エヴァは有名デザイナーの服を着て、垂らしていた巻き毛をひっつめ髪にした。その変身は絶大な効果を発揮した。一九四六年、『ニューズウィーク』誌はエヴァのことを「陰の女実力者」と呼んだ。

こうして大統領夫人となったが、エヴァは貧しい生い立ちを忘れることはなかった。ひたすら名声を追い求めていたときと同じように、貧しい人々を救うために一身を投げ打った。ペロンはアルゼンチンへの政治的支援を得るために、一九四七年、エヴァをヨーロッパへ派遣した。しかしエヴァの頭の中には、アルゼンチンしかなかった。帰国するや、エヴァ・ペロン財団を立ち上げ、生きていくうえで必要最低限のものすら持たない人々にヘルスケア、住居、学校教育を授けた。

エヴァは精力的に仕事に取り組み、まるで自分には時間がないことを――実際にそうだったが――知っていたかのようだった。一九五〇年、三〇歳のときにエヴァは子宮がんと診断された。担当医から治療を強く勧められると、「私はホットトディ（洋酒を湯で割った飲み物）なんかを飲みながらベッドで横になっていたくない。私は今日、困っている人を助けたいの。明日じゃなくてね。そんなふうに、死んでいきたい」と言い返した。

運命に負ける前、エヴァはアルゼンチン副大統領に立候補することを要請された。自分の命が長くないことを知っていたエヴァは、困ったような顔をして断った。それにもかかわらず、アルゼンチン国民はエヴァに「国の精神的指導者」という称号を与えた。一九五二年、エヴァはその名誉に送られて帰らぬ人となった。

◉教訓

墓場から統治することはできない。

1997

パパラッチによる死
ダイアナ妃

ひとりの女性が女王から国を丸ごと盗む方法なんてあるだろうか？　ある。カリスマ的な写真うつりのよさに加え、良い仕事をし、自動車事故で若くして死ぬことだ。皇太子と離婚して、葬式ではゲイのポップアイコンに歌ってもらうとさらに効果満点。

ウェールズ大公妃ダイアナの死後にイギリスを襲った集団ヒステリーを目撃した人は、そこに義母のイギリス女王エリザベス二世がもはや国内を掌握できずにいる姿をはっきり見た。ダイアナの死後起こった一種のクーデターは、一六年前にはじまったある出来事が最高潮に達した結果だった。一六年前、貴族出身で処女の幼稚園の先生だったダイアナは、世界一の花婿候補だったチャールズ皇太子と結婚した。ふたりの挙式は世界中に放映され、一〇億人近い人が見た。とても感動的だったが、ダイアナの葬儀はもっと視聴率が高かった。

ふたりの結婚は、最初から不幸な結末が運命づけられていた。ダイアナはイギリスのロマンス小説の大家バーバラ・カートランドの小説を読んで育ち、両親の泥沼の離婚劇で受けた傷を癒してくれるような愛を求めていた。一方、プレーボーイのチャールズはあまり手間のかからない、子どもを産んでくれそうな女性を求めていた。チャールズは数年前にカミラ・シャンドと恋に落ちたが、ぐずぐずしていてなかなか結婚を申し込まなかった。業を煮やしたカミラが別の男性と結婚してしまうと、チャールズは社交界名簿をめくるようになり、汚れのない未来の王妃を探した。

一九歳のレディー・ダイアナ・スペンサーは条件にぴったりだったし、おまけに従順そうに見えた。ダイアナはチャールズのプロポーズを心から受け入れ、「はい、お願いします」とつつましく答えた。ダイアナはチャールズに夢中だったが、チャールズの心にはまだカミラがいるのに気づいた。ダイアナが嫉妬に苦しむ気持ちを姉に打ち明けると、「あなたはもうまな板の上の鯉なの。今更ジタバタしても仕方ないでしょ」と諭された。挙式後、事態はさらに悪化した。新婚旅行中、チャールズは映画『戦場のメリークリスマス』の原作者として有名な作家・探検家のローレンス・ヤン・ヴァン・デル・ポストの著書を読んで過ごし、ダイアナはビキニ姿で歩き、パパラッチに取り囲まれていた。

イギリス王室の居城であるウィンザー城の新妻は、あまり陽気でないことがすぐにわかった。シャイなダイアナは、マスコミに始終追い回されている、ガ

名言録

私は人々から慕われるような王妃になりたいと思いますが、私自身がこの国の王妃になれるとは思えません。　――ダイアナ

ラス張りの生活にうまくなじめなかったのだ。彼女の一挙手一投足や髪型が写真に撮られ、ゴシップ欄で詳細に分析された。ダイアナはストレスからくる過食症で危険なほどやせ細った。そして彼女が欲しくてたまらなかった愛を夫から得ることはできなかった。チャールズは妻が巻き起こした「ダイアナ・フィーバー」に腹を立て、さらにカミラとの関係が復活して忙しくなった。とはいえ、ダイアナは時間を無駄にすることなく、王室に世継ぎとそのスペアを授けた。

ふたりの結婚生活は一五年間どうにか続き、夫も妻もさまざまな愛人やスキャンダルや慈善活動で自らを慰めた。とうとうダイアナと不倫相手との電話が盗聴され、あらゆるマスコミで取り上げられると、ダイアナはBBC（イギリスの国営放送）というより、アメリカのトーク番組「オプラ・ウィンフリー・ショー」といった感じのインタビュー番組に出て、チャールズの背信行為について公表した。皇太子妃が全世界に向かって、「私たちは三人で結婚生活を送っていたようなものです。ですから、人が多過ぎました」と語ったのだ。するとチャールズはダイアナにしっぺ返しをした。テレビをメッセンジャーとして使い、「ダイアナを愛していない」と告白したのだ。

ふたりの離婚は、一九九六年に最終的に承認された。エリザベス女王がダイアナから王室の称号をはく奪したにもかかわらず、ダイアナの人気と名声は異常なほど上がり、ウィンザー城の住人が束になってもかなわぬほどだった。離婚後のダイアナの功績といえば、知名度を利用して人々の注目や寄附を集め、地雷除去やエイズ撲滅のキャンペーンを張ったことだ。もっとも、そんな彼女の活動ですら、一日中容赦なく追い回すパパラッチから逃れることはできなかった。

離婚から一年後、パリにいたダイアナは自動車事故で命を落とした。まだ三六歳だった。パパラッチから逃げ回っていた彼女は、いつもの運転手を使わなかった。代わりに運転したアンリ・ポールの血中アルコール濃度は、フランス交通法規の規制の三倍に達していた。葬儀で、ダイアナの弟であるスペンサー伯爵は次のような弔辞を述べた。「ダイアナについて何よりも皮肉なことは——狩猟の女神ダイアナの名前がついたあなたが、結局は現代で最も追い回された人だったことです」

◉教訓

カメラとカミラに関係する人は避けるべし。

第6章のおさらいクイズ

1 夫（ナポレオン）は皇后ジョゼフィーヌの何がいちばん腹立たしかった？

A 彼の政治的野心に投資するのに乗り気じゃなかった。

B 立場上あるまじき不倫。

C 彼の遺伝子を受け継ぐ子どもを身ごもることができない子宮。

D レイバーデー（労働者の日）の後に白い肩章をつけたこと［北米ではレイバーデーの後に白い服を着るのを禁じる習慣がある］。

2 キャロライン・オブ・ブランズウィックが、悔しいことに成し遂げられなかったのはどれか？

A 一晩で妊娠すること。

B 自分のためにジェーン・オースティンにペンの力を発揮させること。

C 王妃の戴冠とともに、夫であるジョージ4世の情熱的な愛を得ること。

D トップレスになって踊りまくること。

3 アレクサンドラ皇后はラスプーチンをどう思っていたか？

A 思いやりのある神霊治療家《ヒーラー》。

B 悪臭のする女好きの男。

C 農民と語り合える希望の星。

D とてもすてきな瞳の持ち主。

4 エリーザベト皇后に死をもたらしたものはなに？

A 衝動的で狂気じみた家系。

B　先の尖ったやすりを持った無政府主義者。
C　梅毒にこてんぱんにやられた症例。
D　思春期の詩。

5　ダイアナとチャールズの結婚を破局に導いたものは？
A　国民がチャールズよりダイアナを愛したこと。
B　ダイアナがヴァン・デル・ポスト（作家）をオランダのデザイナーと思ったこと。
C　家庭には妻、外には愛人という王室の伝統をチャールズが好んだこと。
D　ダイアナが、ヴィクトリア朝時代を舞台にしたロマンス小説を読みすぎて、チャールズの称号、プリンス・オブ・ウェールズをプリンス・チャーミング（理想の男性）と勘違いしたこと。

◉解答
1　C。
2　C。ジョージ４世はナポレオン以上にキャロラインを憎んでいた。
3　A。息子アレクセイへの献身的な愛情ゆえに、アレクサンドラはラスプーチンの恥知らずなやり方に気づかなかった。
4　B が正解だが、A、C、D も要因であった。
5　A、C、D が正解。ダイアナはヴァン・デル・ポストが誰なのかを知っていた。チャールズが新婚旅行中に彼の本を読んでいたので。

終章

あなたの「悲劇の女王」度診断

良いことも悪いことも、つらいこともうれしいことも、悲劇も愛も幸福も、ただひとつの名状しがたい統一されたものにすべて織りこまれていきます。それを人は人生と呼ぶのです。良いことと悪いことを切り離すことはできません。またそうする必要もないでしょう。

——ジャクリーン・ケネディ・オナシス

女王や王妃になるためには、国を支配するか、国王と結婚しなければならないのだろうか？必ずしもそうする必要はない――現代では王族とみなされる方法はほかにもある。たとえば、アメリカの大女優エリザベス・テイラーやジャクリーン・オナシス。こうした超セレブは王族並みの貴婦人といえないだろうか？　また今日では、大企業のトップも、古代の支配者が世襲したのと同じくらいとてつもない権力を握っている。

たとえ王族の血を引いていなくても女王や王妃になれるのなら、あなただって悲劇の女王や王妃になる可能性はあるのだ。それではクイズに答えて、あなたが悲劇の女王や王妃になる危険度はどれくらいあるのかチェックしてみよう。

◉質問1　あなたの経歴や考えに最も近い答えは？

1　子ども時代の一番の思い出は？

A　放課後、友人と遊んだこと。

B　夏になると海辺の家でのんびり過ごしたこと。

C　遺産を受け取れるように、子どものいない金持ちのおばさんちに遊びに行ったこと。

D　両親が喧嘩したり、言い争ったり、いがみ合ったりしていたこと。

2　あなたの学歴は？
A　ずっと公立の学校。
B　良い四年制大学。
C　ずっと私立の学校。アイヴィーリーグへ進み、その難関の大学院へ進学。
D　両親がお金持ちなのになぜ学校へ行く必要があるの？　人生は生きるためにあるのよ。学ぶためにあるんじゃないわ。

3　あなたの両親はあなたをどんなふうに育てたか？
A　一生懸命働き、正直に生きるように。
B　権利意識を持つように。
C　人間関係は危険に満ちていると考えるように。
D　一番になるように。誰もがそうなれるわけではないが。

4　どんな恋愛相手に惹かれるか？
A　まじめで支えてくれる人。
B　感受性が鋭く情熱的な人。
C　金持ちで権力のある人。

D　ナルシストで自己中心的な人。

5　結婚相手とどうやって出会うのが一番いいか？

A　共通の趣味や友人を介して。

B　知り合いに出会いの場をセットしてもらう。どんな人が私に合うかよく知っているから。

C　既婚者を誘惑して、長年連れ添った奥さんから奪う。

D　結婚相手ですって？　男の気を引くために頑張るのなんてごめんだわ。

6　理想の休暇は？

A　古い大きな家で家族が集まる。

B　豪華客船でのんびり船旅を楽しむ。

C　知的刺激を受けられるような人と出会えるワークショップに参加する。

D　ハリウッドの高級ホテル、シャトーマーモンで飲み、騒いでから、マリブ（ロサンゼルス）のアルコール・薬物医療センターで治療する。

7　次の映画のタイトルのうち、あなたの人生を的確に描いているものはどれか？

A　『いつか晴れた日に』（原作はジェーン・オースティンの小説『分別と多感』。正反対なタ

イプの姉妹の物語）

B 『愛と追憶の日々』（ちょっと変わった母娘の関係を描いた映画）

C 『ミリオンダラー・ベイビー』（クリント・イーストウッドが監督した、孤独な女性ボクサーを描いた名作）

D 『危険な関係』（一八世紀後半のフランス貴族社会の道徳的退廃を描いた映画）

8 あなたの宗教との関わりを述べている言葉はどれか？

A 「人にせよ。人にしてはならぬ」などの黄金律を信じている。

B 自分の宗教的信条に反する人たちと闘う。彼らは間違っている。

C カルト教団は面白い。あの激しさ！

D 神を崇めるより神として崇められるほうがいいわ。

9 結局、あなたにとって一番大切なものは？

A 安定した満足のいく人生。少々の退屈は気にしない。

B 毎日、精一杯生きたことを実感すること。

C 愛、権力、セックス、金——わくわくする。

D 興奮を味わうこと。かなり危険を冒してもかまわない。

◉質問2　「はい」か「いいえ」で答えなさい。

1　夫は有力者で、数回の離婚歴がある。　はい／いいえ
2　夫は有力者で、前妻たちは不審死した。　はい／いいえ
3　夫は有力者で、前妻たちは大企業のトップや税金逃れの対策を行なっている小国の指導者だ。
はい／いいえ
4　私はシングルマザーだ。　はい／いいえ
5　私はシングルマザーで、子どもは法定年齢に達したら遺産を相続する。　はい／いいえ
6　私はシングルマザーで、子どもは法定年齢に達したら一国を相続する。　はい／いいえ
7　私は宗教対立のある国の指導者だ。　はい／いいえ
8　私は政情不安のある国の指導者だ。　はい／いいえ
9　私は大企業のオーナーだが、株主は少しもハッピーじゃない。　はい／いいえ

◉最後の質問　次の文章は、あなたに当てはまる？

「私は王族の血を引いている」

◉診断　合計点をチェック！

質問1　A＝0点。B＝1点。C＝2点。D＝3点。
質問2　はい＝2点。いいえ＝0点。
最後の質問　王族の血を引いているなら、4点。

0～9点：あなたは王室向きではないのかもしれないが、謙虚さゆえに長生きするだろう。

10～19点：高貴な生まれであろうがなかろうが、あなたは大多数の人より王族向きだ。あなたの力を良いことに使おう。

20～34点：悲劇の女王や王妃になる危険性が多少ある。不安にうち震える姿が国民には魅力的に映るだろう。

35～50点：今ならまだ断頭台に立たずに済む。あなたは不名誉なまま生き続けるかもしれないが、不運はついてまわるだろう。

著者あとがき

あなたが前ページの《「悲劇の女王」度診断》で何点取ろうとも、本書『悲劇の女王の物語』の教訓話は不幸な結末を避けるのに役立つと思ってくだされば幸いだ。アメリカの小説家・歴史家のデイヴィッド・マカロック（一九三三〜）は「歴史は、危険な時代の水先案内人である」と述べている。もしその言葉が正しければ、本書で取り上げた数多くの女王や王妃は、人生を羅針盤なしで漂っていたことになる。

『悲劇の女王の物語』は、私がこれまでで最も徹底的に調べあげて書いた本だ。マリー・アントワネットやアン・ブーリンのような有名な悲劇の王妃はテレビ番組で何度も取り上げられるが、クレオパトラのあまり忠実とはいえない妹アルシノエ四世や、幽閉された十代の王妃ブランカ・デ・ボルボン（カスティーリャ王ペドロ一世の妻）は無名なので放送されはしないだろう。研究図書館の豊富な資料を自由に使っても、彼女たちの統治がどんなものだったのかを突き止めるのは至難の業だった。私はときおり名探偵にでもなったような気がした。そうした王妃の、哀れだが自業自得とも言える運命のクライマックスを明らかにしようと、ヒントを探しているときなどとくにそうだった。

結局のところは――だが驚くべきことではないが――こうした女王や王妃の生涯は埋もれていることが多く、せいぜい国王や戦争や王朝の歴史の脚注に載っている程度だ。古代ローマの歴史家アッピアノス、ディオ・カッシウス、タキトゥス、古代ギリシアの歴史家へロドトス、プルタルコス、六世紀の東ゴートの歴史家ヨルダネスといった歴史家の書物を読んで、クレオパトラ、アレクサンドロス大王の母オリュンピアス、ローマ軍に戦いを挑んだケルト族の王妃ブーディッカや同時代の女性たちの生涯に興味をそそられたり、ときには矛盾した見解を見つけたりした。それ以外の女王や王妃は、ひとつの資料に依拠した。それでも、彼女たちの人生があまりにも波乱万丈で候補から落とすことができなかったので、入れることにした。旧約聖書の「列王記下」には骨の髄まで悪女の王妃アタルヤと、その母親である王妃イゼベルの物語が詳しく語られている。夫や愛人を次々に殺してスリランカ初の女王になったアヌラの治世については、スリランカ王についての叙事詩『マハーワンサ』に記録されている。中国前漢の史実を記した『漢書』『前漢書』には、不自然に省略された漢朝皇妃の治世に関する情報が載っている。参考文献の完全なリストは www.doomedqueens.com に載せてあるので参照していただきたい。

最後に、アメリカの哲学者・詩人のジョージ・サンタヤーナの言葉「歴史から学ばない者は、それを繰り返す運命にある」を読者のみなさんに贈りたい。

謝辞

本を書くのは孤独な作業かもしれないが、多くの資料に助けられなければ本書を書き上げることはできなかった。また私が原稿を書き、デザインし、イラストを描いているときに快く私を助けてくれた人たち全員にも心から感謝したい。

ブロードウェー・ブックスの優秀なスタッフには、大きな花束並みの感謝を捧げたい。とくに、有能な担当編集者、クリスティーン・プオポロには感謝の気持ちでいっぱいだ。鋭い機知と知恵を備えたクリスと仕事をするのは喜びだった。クリスのアシスタント、ステファニー・ボーエンは落ち着いた、仕事のできる人で、編集プロセスで有益なアドバイスをたくさんしてくれた。

パーク・リテラリー・グループの創設者テレサ・パークは、私と私の著作を一〇年以上も待ってくれた。とても暗くて変わった本のアイデアがあると最初に話したとき、テレサがすぐに興味を持ってくれたおかげで、私はそれを発展させて本書の原稿を書き上げることができた。さまざまなたくさんの理由から、本書をテレサ・パークに捧げたいと思う。同社のシャノン・オキーフ、アマンダ・カーディナル、アビゲイル・クーンズにも心からお礼を言いたい。

私のイラストのために勇敢にもモデルになってくれた人たちは、時代物の衣装を着せられてもじっと耐え、どんな武器を持たせても、どんな格好をさせても陽気にやり遂げてくれた。感謝の気持ちをこめてアルファベット順に紹介する。アリス・バレット＝ミッチェル、ステファニー・ボーエン、エイブラハム・ダンツィ、ジル・ダウリング、モニカ・ヘルナンデス、リサ・ハント、アンマリア・マッツィーニ、ジョアンナ・ミッチェル、カッサンドラ・オニール、テレサ・パーク、ジャクリーン・パーカー、クリスティーン・プオポロ、ダイアナ・サーリネン。イラストについては、米国議会図書館のデジタルアーカイブのおかげで歴史的なイメージが浮かび、本書が生き生きとしたものになった。

私の家族と友人たちにもお礼を言いたい。彼らは本書の執筆中、とても私の支えになってくれた。とくに夫のトーマス・ロス・ミラーには心から感謝している。博学な彼のおかげで数々のアイデアが浮かんだ。そしていつも私の仕事を信じてくれる。娘のシーアは、私が本書にかかりっきりでもじっと我慢してくれた。その間、カッサンドラ・オニールがシーアの世話と家事を引き受け、完璧にやってくれた。さらに次に挙げる人たちの思いやりのある会話やEメールや根気強い励ましにも感謝したい。エドとジョイスのミラー夫妻、ジェニファー・ジョンソン、カレン・ツークナー、リサ・ハント、アラン・デイヴィス、ベンジャミン・サラザール、ステファニー・サンピエール――みんな、ありがとう！

クリス・ウォルダー（Kris Waldherr）
作家，イラストレーター，デザイナー。ニューヨーク州ブルックリン在住。絵本画家として出発し20年のキャリアがあるが，最近は女性や歴史をテーマとした本に活動の場を移している。本書の他に『The Lover's Path（恋人たちの小路）』『The Book of Goddesses（女神の本）』などがあり，これらはタロットカードにもなっている。

竹田円（たけだ・まどか）
東京大学大学院人文科学研究科修士課程修了。専攻はスラヴ文学。訳書に『女の子脳　男の子脳』（リーズ・エリオット著，NHK出版）。『脳を鍛えるには運動しかない』（ジョン・J・レイティ他著，NHK出版），『ツタンカーメンと出エジプトの謎』（アンドルー・コリンズ他著，原書房）など翻訳協力多数。

築地誠子（つきじ・せいこ）
翻訳家。東京外国語大学ロシア語科卒業。訳書に『さむらいウィリアム』（ジャイルズ・ミルトン著，原書房），『スタッズ・ターケル自伝』（スタッズ・ターケル著，共訳，原書房），『ヒトの変異』（アルマン・マリー・ルロワ著，みすず書房），『方向オンチな女たち』（リンダ・グレキン著，メディアファクトリー），『ゴースト・ガール』（トーニャ・ハーリー著，ポプラ社）など。

悲劇《ひげき》の女王《じょおう》の物語《ものがたり》
儚《はかな》く散《ち》った50人《にん》

●

2011年4月1日　第1刷

著者……………クリス・ウォルダー
訳者……………竹田《たけだ》円《まどか》・築地《つきじ》誠子《せいこ》
装幀……………佐々木正見
発行者……………成瀬雅人
発行所……………株式会社原書房

〒160-0002 東京都新宿区新宿1-25-13
電話・代表03(3354)0685
振替・00150-6-151594
http://www.harashobo.co.jp

印刷……………シナノ印刷株式会社
製本……………東京美術紙工協業組合

ISBN978-4-562-04679-9, Printed in Japan